Papel certificado por el Forest Stewardship Council®

Primera edición: abril de 2024

*Printed in Spain* – Impreso en España

ISBN: 978-84-19848-16-1
Depósito legal: B-1.704-2024

Compuesto en Comptex & Ass., S. L.
Impreso en Huertas Industrias Gráficas, S. A.
Fuenlabrada (Madrid)

GT 4 8 1 6 1

# BERTA CAPARRÓS

## Cómo aprendí a verme bonita

Ilustraciones de **Andrea Dreily**

Montena

# ÍNDICE

# PRÓLOGO

## Todo el mundo se ríe con la Chica Pimienta hasta que...

¡Hola! Si ya me conoces, quizá te sorprenda lo que te voy a contar aquí. En mis redes siempre intento que sean todo risas y buen rollo, pero en este libro me apetece enseñarte un pedacito de mí que me cuesta dejar ver. Y, si no me conoces, soy Berta Caparrós, una chica normal y corriente que siente, ríe y llora como todo el mundo, y que tiene la suerte de tener una comunidad en redes maravillosa. Me gustaría que te quedaras y me acompañaras en este viaje.

Empezar un libro no es fácil. En general, empezar, sea lo que sea, no lo es. Tienes una ligera idea de lo que quieres lograr, de lo que quieres decir o transmitir, de cómo quieres hacerlo..., pero ¿por dónde empezar? El momento de «cámaras-acción», de darle al play, de atreverse a dar el primer paso es, para mí, el más complicado al emprender cualquier cosa.

No te engañaré. Ahora mismo, mientras escribo estas líneas, siento miedo. Me da temor empezar porque sé que cada nuevo comienzo implica un cambio. El pedacito de mi historia que cuento en estas páginas no es fácil de digerir. Es probable que te cueste encontrar en ellas a la risueña Chica Pimienta. Yo soy esa, la de las recetas de cocina y los bailes de TikTok, pero también soy esta otra que te muestro aquí. Me gustaría que nos conocieras a ambas.

A veces siento que he vivido muchas vidas y que me han pasado demasiadas cosas, más de las que me tocaba. Buenos momentos, malos momentos, unos ratos de aburrimiento que ya he olvidado, otros que quedarán incrustados en mi memoria para siempre... La vida es eso: un cúmulo de experiencias que se entrelazan, que se sobreponen y que se cruzan, y que forman una madeja gigante. Pero ¿qué pasa si no encontramos el hilo del que tirar? ¿Qué ocurre si no hay forma de desenredar la madeja? Confusión, parálisis, indefensión, miedo. Durante mucho tiempo he intentado ordenar mis pensamientos y mis experiencias para poder hacer un ovillo con todos sus hilos y, así, encontrar la paz. Pero me he dado cuenta de que nunca la alcanzaría si me negaba una parte de mi historia. O si me la negaban.

Escribo este libro para contar (y contarme) mi verdad. Para liberarme de esa sensación de caos, para que las palabras me ayuden a reconciliarme conmigo misma y con mi pasado. Escribo este libro porque quiero alzar la voz. Porque hubo muchos que hablaron por mí y me hicieron sentir vergüenza, porque me callaron y me apartaron. Ahora quiero gritar tan fuerte, que esas mismas personas no tengan más remedio que escucharme.

A ti, que me lees, te pido que seas mi cómplice y que difundas mi mensaje. Te pido que me acompañes con compasión y empatía, pero también con rabia y enfado si así lo sientes. Porque, te aviso, esta historia está llena de injusticias. Y te pido otro favor: no la leas como si fuera solo fruto de mi experiencia y de mis circunstancias particulares. Si he decidido abrirme es porque me he dado cuenta de que mi infierno ha sido el de muchas otras personas, que mis emociones las ha sentido muchísima gente, antes y después que yo.

Si tú también has sufrido, espero que mi relato te ayude y te acompañe. Este libro contiene muchas emociones fuertes, y por eso he querido incluir un apartado al final de cada parte. En él te invito a detenerte y reflexionar para que nos reencontremos en el presente, respiremos hondo y pueda compartir contigo mi aprendizaje.

Como te decía al principio, empezar no es sencillo porque es difícil medir lo que vendrá después. Pero si mis palabras sirven para despertar conciencias o para que sepas que no estás sola, ya habrá valido la pena. Mi experiencia me ha enseñado que, a pesar de todos los baches, volver a estar bien es posible. Pasé mucho tiempo en la oscuridad, pero poco a poco fui entendiendo que para sanar tenía que aprender a quererme. Por otro lado, existen muchos lugares tenebrosos, peligrosos y dañinos, por eso es importante que preserves la paz en el lugar que vas a habitar siempre: tú. Créeme, es posible. Así que agárrame fuerte de la mano y andemos este camino juntas.

# PARTE I
## Lo que ven mis ojos

¿Quién es esa persona del espejo?
Dos ojos sin brillo, hundidos, las ojeras
marcadas alrededor. Unos labios inertes.
Parece que quieran curvarse, pero las
comisuras no les dejan. La piel apagada.
El pelo enmarcando el conjunto sin
ninguna gracia. No reconozco este reflejo.
Muevo una mano, levanto el brazo y me
toco la mejilla. La persona del espejo
hace lo mismo. ¿Soy yo?

# CAPÍTULO 1

# Cuando todo cambió

—Adelante, ¡pasa!

Me muevo incómoda en la silla cuando escucho una voz desconocida que me invita a entrar en la habitación. Llevo diez minutos sentada en esa sala. Color blanco de hospital, paredes llenas de carteles que anuncian charlas, talleres y reuniones de grupos de apoyo, un rincón con juegos y libros infantiles. Pues aquí estoy. No entiendo muy bien por qué. Es como si estuviera en piloto automático desde hace cinco días. Como si lo que me está pasando no fuera real. Como si yo misma me observara desde fuera y mis movimientos siguieran las órdenes de alguien que no soy yo.

Entro en la habitación. Una chica de unos treinta y cinco años está sentada en una mesa redonda. Me mira y medio sonríe. No sé si esa mueca es una sonrisa; su gesto más bien me recuerda al de la Gioconda: ¿sonríe o no? Quién sabe. Me señala una silla.

—Hola, Berta. —Escucho mi nombre y me sobresalto. Sí, esta de aquí soy yo.

—Hola —consigo responder.

—Dime, ¿cómo estás?

¿Que cómo estoy? Es imposible que lo sepa. Si no sé ni quién soy, si no sé ni si la de ahora mismo soy yo, menos voy a saber cómo estoy. Aturdida. Asustada. Echa un lío. Miro a mi alrededor y me cabreo. Hay dibujos infantiles colgados por todos lados, montones y montones de libros, un rincón con sillas pequeñas y peluches y una mesa llena de lápices de colores. Estoy por decirle a la chica que ha debido de haber un error, que tengo catorce años y que no entiendo qué hago aquí. Si pretende que me ponga a pintar, lo lleva claro.

—Bien —respondo. Ella me sigue mirando, no aparta la vista de mí. Yo me remuevo en el asiento. Me fijo en que hay pañuelos encima de la mesa, también un par de tazas de esas con mensajes *happy flower*. Alucino.

—Pues yo me llamo Nuria. Te voy a contar un poco sobre mí...

Aquí dejo de escuchar. Pero ¿qué se piensa? ¿Que puedo tener una charla tan normal después de todo? He declarado tres veces (¡tres!) a la policía, ¿y ahora pretende contarme un poco de su vida y que nos hagamos amigas? Sigo mirando los dibujos. Me fijo en que algunos los han hecho niños muy pequeños, y se me revuelve el estómago. Caigo en la cuenta de que no estoy en una consulta de una psicóloga «normal» y que todos estos dibujos los han pintado víctimas de abuso. Me pregunto cómo es posible que alguien sea capaz de tan siquiera coger un lápiz después de eso. Me imagino a niñas y niños acudiendo a esta misma consulta por motivos similares al mío y poniéndose a dibujar, y no me entra en la cabeza.

## La trampa de la amabilidad

Colores, peluches, dibujos. Caras sonrientes,
libros subrayados, palabras amables. Es una trampa.

Dentro de mí hay oscuridad, monstruos que
me persiguen, miradas que matan, gente que grita
y me señala. El contraste se hace insoportable.

Quiero pesadillas, muñecas rotas, paredes que
se derrumban. Quiero tinieblas. Esta luz cegadora
solo revela todo lo que está mal en mí.

—¿Cómo te sientes?

¿Que cómo me siento? ¿Y ahora qué te digo? Me han preguntado mil veces qué ha pasado, pero hasta ahora no me habían preguntado cómo me siento...

—No lo sé, no lo sé...

—¿No sabes cómo te sientes?

—Lo veo todo como a cámara lenta, estoy cansada. Me falta energía. Siento culpa. A veces rabia. No sé qué me pasa.

Como en una película. Así lo sentía yo. Como si le hubiera pasado a otra, no a mí. A mí no. Pero sabía que sí, que yo era la protagonista, muy a mi pesar, de todo aquello. Cinco días atrás, a esa hora, me estaba arreglando en casa. Un poco de rímel, un poquito de gloss en los labios, música de fondo mientras me maquillaba. Estaba contenta y con ganas de pasármelo bien. Salí de casa con mi hermano, a quien esperaban sus amigos en el centro. A mí también me esperaban los míos. Era junio, aún no habían finalizado las clases, pero el verano ya se olía en el ambiente. Las fiestas del pueblo anunciaban que el curso terminaba y que, en unas semanas, estaríamos de vacaciones ¡por fin!

No sé si en todos los pueblos pasa lo mismo, pero tener catorce años en el mío significa dos cosas: que conoces a todo el mundo de tu edad y que esperas con muchas ganas las fiestas del pueblo.

Nunca más volví a tener esa sensación.

De golpe todo se
volvió oscuro.
Oscurísimo.
Dolor en las entrañas.
Dentro de mí.
Me caigo y alguien
me agarra por el pelo.
Dolor al levantarme.
Dolor de cabeza.
Herida.

Mi madre me miraba y debía de estar viendo algo que yo no veía, porque sus ojos eran de horror. Me pasó la mano por el pelo, me besó de forma incansable. Me di cuenta de que estaba haciendo esfuerzos para no llorar, para no derrumbarse.

—¿Qué ha pasado? Berta, ¿qué te han hecho?

Yo no sabía qué responder. No procesaba la información, era como si me hubieran apagado. Me di cuenta de que tenía la ropa rota, y vi en los ojos de mi madre que lo sabía. Sabía que yo no quería.

Les preguntó a los policías que estaban allí cuáles eran los pasos a seguir y le respondieron que tenía que llevarme primero al hospital y, después, a comisaría. Yo observaba y escuchaba todo como si no fuera conmigo, incapaz de proponer nada, de expresar nada. Como si me hubiera convertido en un autómata y solo pudiera seguir órdenes.

Mi madre y yo fuimos al hospital. Sentada en una de esas sillas tan incómodas de la sala de espera, me preguntaba cuándo me atenderían. Veía que hacían pasar a otros pacientes y yo seguía allí, sin acabar de entender cómo y por qué se había torcido todo en tan poco tiempo. Cuatro horas antes me estaba arreglando y ahora estaba en Urgencias. Los minutos pasaban y pasaban, y yo solo quería quitarme esa ropa sucia y rota e irme a casa. Quería que me atendieran cuanto antes para poder salir de allí. Notaba cómo se clavaban en mí los ojos de las demás personas que estaban en la sala, su cara de sorpresa. «¿Qué hace esta niña aquí, a estas horas, con estas pintas?».

Estaba claro que no estaba allí ni por una gripe ni por una apendicitis. Sentía que era más visible que nunca, como si llevara un papel escrito en la frente que dijera: «Me ha pasado algo horrible» o «He hecho algo horrible». Era todo muy confuso. Sentía que se habían aprovechado de mí, que me había pasado algo malo, pero también que, tal vez, me lo había buscado. Yo pensaba: «Esto me ha pasado por confiada / tonta / boba / despistada / inocente / xxx... (coloca aquí cualquier palabra que se te ocurra)».

Finalmente, me hicieron pasar. Mi madre, al llegar al hospital, ya les había informado de que habían abusado de mí. Quise entrar sola en la habitación. Una vez dentro, una enfermera me preguntó: «¿Qué te han hecho?». ¿Qué me habían hecho? El problema era que en ese momento no podía responder a esa pregunta, y hoy tampoco. Tenía y tengo bloqueado el recuerdo de gran parte de lo que ocurrió. Solo recuerdo caerme al suelo, cómo se abalanzó sobre mí y cómo me agarraba del pelo para levantarme, pero todo lo demás lo tengo borroso o, directamente, borrado de mi cerebro. Y cuando me hicieron esa pregunta («¿Qué te han hecho?»), que es en apariencia tan fácil de responder, conté lo que recordaba, conté lo que fui capaz de expresar con palabras.

No me había dado tiempo a procesar nada, pero tenía que responder a esa pregunta porque me habían dicho que esa era la forma de obrar: ir primero al hospital y después a comisaría. No importaba si aún estaba en estado de shock, si mi mente aún no funcionaba con claridad, si mis pensamientos eran confusos: tenía que estar allí y responder porque era lo que tocaba. Así que hice lo que se suponía que tenía que hacer, y se tomaron mis palabras al pie de la letra. Nadie se preguntó que, tal vez, el relato de una persona que ha vivido una experiencia como esta hace apenas unas horas es incompleto; nadie tuvo en cuenta que estar en shock puede jugar malas pasadas a la memoria. Como resultado de todo esto, me hicieron un examen médico superficial, pero no una exploración completa.

Y por fin pude salir de allí.

# CAPÍTULO 2

# Noche en el hotel

Cuando llegué a comisaría, me sentí aliviada. Ese sería el lugar donde pondría fin a aquella pesadilla, donde me protegerían, donde me escucharían y encontrarían al chico del descampado. Me tomarían declaración y todo se resolvería, eso pensaba yo.

Pero al llegar allí ya me di cuenta de que no sería como me esperaba... «¿Ibas así vestida?». Eso fue lo primero que me preguntaron en mi declaración. Llevaba puesto un top blanco un poco cortito, unos tejanos largos estrechos y unas zapatillas blancas. No entendí la pregunta porque era obvio que iba vestida así cuando ocurrió todo; si no, ¿por qué iría con una camiseta rota y unos pantalones sucios? Siguieron con la declaración.

Me preguntaron por los hechos, en orden cronológico. Yo les dije: «El chico me obligó a...», y los policías me preguntaron: «¿Te obligó? ¿Dijiste que no?». Y yo les respondí: «No, a ver, no dije que no». Y ellos dijeron: «¿Entonces?», y yo contesté: «No quería hacerlo, pero no me salía decir que no». Y ellos sentenciaron: «Vale, entonces, no dijiste que no, ¿verdad?».

Seguí contando los hechos y a cada rato me preguntaban lo mismo, es decir, si había pronunciado la palabra «no». Yo quería hacerles ver que había otras formas de negarse, que era obvio que yo no quería estar en esa situación y que ese chico lo sabía, sabía que yo no quería hacer nada de lo que hicimos. Pero los policías solo estaban interesados en saber si yo había pronunciado esas dos letras: «N-O». En mi cabeza no había parado de repetirlas, pero no estaba segura de que mi boca las hubiera pronunciado. En realidad, estaba bastante segura de que no había sido capaz de decir mucho.

Pero mi cuerpo había dicho que no, estoy convencida de que mis ojos llenos de miedo habían dicho que no, de que mis manos habían dicho que no, de que toda yo había dicho que no. Los brazos de quien me agarraba, la cara de quien me miraba mientras me hacía pasar por todo aquello sabía perfectamente que yo estaba gritando «no» todo el rato aunque fuera un grito ahogado, aunque fuera un grito inaudible. Pero ¿y mi boca? Mi boca ¿qué dijo? Cada vez que respondía al interrogatorio, los policías me preguntaban: «¿Dijiste que no?».

Me tomaron declaración tres veces y en las tres insistieron mucho en preguntarme sobre si iba así vestida. Cuando pienso en esos tres interrogatorios seguidos, en los que mi madre estaba allí pero no podía decir nada para no interferir, me entran escalofríos. Dicen que hasta que se demuestre lo contrario eres inocente, pero yo tenía la sensación de que estaban poniendo en duda mi versión. Y yo me sentía impotente. Intentaba hacerles entender que el miedo y la situación habían impedido que dijera que no, que impusiera mi voluntad, pero ellos no eran capaces de entenderlo. Absolutamente todo lo que les contaba parecía reducirse a un «sí/no».

Hubo un momento, no sé si fue durante la segunda o la tercera declaración, que me cabreé y les solté a los dos policías que tomaban notas: «Os digo ahora que no he dicho que no en ningún momento. Y si por no haber dicho que no, no me vais a tomar la declaración, no quiero dárosla». Por si esto fuera poco, también ponían en duda mi relato y me preguntaban continuamente: «¿Seguro que eso fue lo que ocurrió?».

Con el tiempo entendí que los policías no estaban juzgándome y poniendo en duda mi declaración. No es que no me creyesen, simplemente seguían el protocolo interno que suelen usar para situaciones tan complicadas, duras y difíciles como la que me había tocado vivir. De hecho, pasadas unas semanas los policías que estuvieron en contacto conmigo la primera noche, me llamaron y se preocuparon por mí. Querían saber cómo estaba y qué sentía de forma genuina. Es verdad que la Berta de los primeros días no entendía nada de lo que estaba ocurriendo y sentía rabia e impotencia por lo sucedido y la manera en que me trataron, pero el apoyo, el cuidado y la protección que vinieron después, tanto para mí como para mi familia, me sirvieron para comprenderlos a ellos y también entender el proceso.

Reflexionando ahora, creo que nunca fui consciente de lo que significaba denunciar. Tampoco nadie me preguntó si quería hacerlo. Mi madre me llevó al hospital y a la comisaría, y dio por sentado que eso era lo que yo quería. Y probablemente así fue, pero con perspectiva me doy cuenta de que tal vez no era el momento de declarar y de que no estaba preparada para pasar por tres rondas de preguntas, para que me fotografiaran, para que me hicieran revivirlo todo ese mismo día.

La escena del interrogatorio se repitió tres veces. Mi madre y yo estábamos solas en una salita, apenas sin hablar, pero agarrándonos fuerte de la mano. Yo estaba muerta de cansancio, pero al mismo tiempo tenía la adrenalina a tope. Venían los policías, me hacían declarar y después nos hacían esperar durante tres horas. Mientras intentaba responder, mi madre me seguía agarrando de la mano. Al cabo de ese rato, venían otros policías y me tomaban declaración otra vez. Eso nos llevó unas cuantas horas. Estuvimos en el hotel* hasta el mediodía del día siguiente, sin haber dormido. Mi padre, que estaba de viaje cuando ocurrió todo, llegó antes de que nos dejaran marchar. Me acuerdo de que me costaba mirarlo. Él aterrizó allí con un montón de preguntas, pero yo estaba harta de tener que contarlo todo una y otra vez. El ambiente que se respiraba y la forma en la que me trataban habían acabado con todas mis fuerzas. Finalmente, nos dejaron ir.

* Forma en la que nos referimos a la comisaría en mi casa a partir de ese día, ya que pasamos la noche allí. Supongo que es la manera que hemos encontrado de poder hablar de lo ocurrido sin que nos duela tanto.

—¿De verdad te ha pasado eso?

No me lo podía creer. Acababa de llegar a casa después de no sé cuántas horas declarando y mis padres me estaban preguntando si me lo había inventado. Yo solo tenía ganas de desaparecer, de quedarme sola y llorar hasta no poder más, pero justo al cruzar el umbral de la puerta me dijeron: «Tenemos que hablar». Nos sentamos a la mesa del comedor y me preguntaron si era verdad lo que había contado. Estaba flipando. Nunca me habían cuestionado nada, siempre me habían creído... Mi madre había visto las heridas, la ropa rota, el mechón de pelo que me habían arrancado, y aun así me estaba preguntando si de verdad había ocurrido todo eso.

En ese momento me puse a gritarles y a llorar desconsoladamente. Estaba muy alterada y confundida. Cuando no lo aguanté más, me levanté y me fui a mi habitación. Abrí la puerta y la visión de la cama me dio asco. En lugar de tumbarme, me senté contra la pared y seguí llorando. No sé cuánto tiempo pasó, pero de repente me entraron muchas ganas de ducharme. Tenía la sensación de que todos los acontecimientos de la noche pasada se habían quedado incrustados en mi piel y necesitaba dejarla bien limpia. Me acuerdo de que la limpié insistentemente, frotando muy fuerte, con un fervor desesperado. Creo que me di cuenta de que por mucho que insistiera, por mucho que me limpiara, aquello no se iría tan fácilmente. Lo que me había ocurrido iba más allá de lo puramente corporal. Mis lágrimas se mezclaron con el agua de la ducha. Estaba viviendo una pesadilla y encima me sentía más sola que nunca. No paraba de dar vueltas al tema de que mis padres no me apoyaran. Que yo recordara, siempre me habían creído y habían estado de mi lado. ¿Por qué no ahora? Se lo contaba todo, teníamos lo que se dice buena comunicación, a diferencia de los padres de muchos de mis amigos, que no tenían ni idea de la mitad de las cosas que hacían sus hijos. Yo no era así. ¡Si hasta le contaba a mi madre cuando me gustaba un chico! Y, si ellos no confiaban en mí, ¿quién iba a hacerlo?

Por suerte, cuando salí de la ducha y me tranquilicé, mis padres volvieron a hablar conmigo. Resulta que antes de irnos de comisaría un policía les había dicho: «Sentad a vuestra hija y preguntadle si es verdad. A veces mienten o se inventan cómo han ocurrido las cosas. Preguntadle si está segura de lo que ha pasado, que denunciar no es un juego». Me calmó un poco saber esta información, pero me costó apartar mi desconfianza y mi decepción. Mis padres siguieron la recomendación de la policía porque pensaron que ellos eran los expertos en estos casos y sabían más que nadie cómo tratar con las víctimas. Pero claro, yo hubiera preferido mil veces que hubieran ignorado su consejo y no me hubieran hecho sentir como si fuera una mentirosa. Aunque después me juraron y perjuraron que ellos me creían y que me lo habían preguntado a regañadientes, solo porque pensaban que estaban haciendo lo correcto, me quedé con la sensación de que tal vez no fuera así. Como un aviso de lo que me esperaba por vivir.

En esa conversación, mi madre, que tiene formación en enfermería, también se interesó por la exploración que me habían realizado en el hospital. Insistió mucho en saber si me habían pinchado algo. Yo le repetí varias veces que no, que no me habían puesto ninguna inyección, y ella se puso hecha una furia y no se lo podía creer. Vi a mi madre llena de culpabilidad por no haber entrado conmigo a la sala del hospital, aunque no paraba de decirle que había sido yo la que había insistido en entrar sola. Joder. La situación empeoraba por momentos. Aunque dentro de mí sabía que no había hecho nada malo, ver la frustración y la preocupación de mi familia me hacía sentir culpable. El marrón no solo era mío, sino que los involucraba a ellos, a todos. Y a la vez me parecía injustísimo. Estaba echa polvo, lo único que quería era dormir y no despertarme en muuucho tiempo, pero no podía porque tenía que volver al hospital, tenía que hablar con abogados, seguramente también con una psicóloga... Solo de pensarlo todo se me hacía bola. Creo que mi madre, que me conoce mucho, vio que me estaba contagiando su agobio y me dijo que ya iríamos al hospital al día siguiente por la mañana.

Al despertar me di cuenta de que, en lugar de un sueño reparador, había tenido una noche llena de pesadillas. Estaba aún más cansada que cuando me había acostado. Pero quería acabar con aquello cuanto antes, así que me levanté, me vestí y salí con mi madre rumbo al hospital. Esta vez ella entraría conmigo.

La doctora que nos atendió fue muy amable y, después de ponerme la inyección para combatir posibles infecciones y de recetarme antibióticos preventivos, nos contó que había un grupo de apoyo para víctimas de abuso. También nos recomendó una psicóloga, pero mi madre, que nunca se puede estar quieta, ya se había informado y había pedido cita con una especialista. La atención que me dieron ese día en el hospital fue tan humana... Esa me reconfortó, me brindó apoyo de verdad y no me hizo sentir como un bicho raro. En medio de todo ese infierno, no me vino mal recordar que existen personas buenas.

~~

—Adelante, ¡pasa!

Estoy en esta sala otra vez, ya no me fijo en los dibujos de los niños. A parte del insti y de mi casa, este es el sitio en el que más tiempo paso. La consulta de Nuria, mi psicóloga.

—¿Cómo estás, Berta?

—Bien —miento. Ella me mira y no dice nada.

«Mierda, sabe que no es verdad».

—¿Estás segura?

—A veces me odio. Yo había hecho judo, ¿sabes? Cuando escuchaba casos así, siempre pensaba que eso no me ocurriría a mí, que yo sabría cómo defenderme. Que le daría una patada y saldría corriendo. Nuria, ¿por qué no me defendí?

—Berta, hiciste lo correcto. Lo hiciste lo mejor que pudiste.

—No, no es verdad. Me podría haber defendido. Joder, es que me quedé paralizada. ¿Por qué?

Te voy a contar algo. Cuando un conejo ve a un león, se queda quieto. Si corre, le pilla, y si se pone a pelear, lo mata. ¿Por qué crees que hay animales que se hacen los muertos? Porque prefieren fingir que están muertos que no morir en el intento de defenderse. Lo que te pasó a ti es de lo más habitual, pero eso nadie lo cuenta. Qué te quedes paralizada es la reacción más probable. Y está bien. Es supervivencia.

He reflexionado muchas veces acerca de estas palabras. Me tranquilizaron mucho, pero me he tenido que forzar a recordarlas, porque me he culpado mucho tiempo y porque le he dado muchas muchísimas (demasiadas) vueltas a cómo reaccioné. Cuando entro en ese bucle, recuerdo la historia del conejo y el león. No me moví porque solo pensaba en sobrevivir, e hice lo más sensato. Mi cerebro me dijo: «Berta, te quedas quieta y ya está, que sea lo que Dios quiera». Y si Nuria, mi psicóloga, me decía que esta reacción era normal, tal vez lo fuera... Ella no me culpaba.

# CAPÍTULO 3

# Golpe de realidad

No habían pasado ni veinticuatro horas y la noticia ya se había filtrado a la prensa. El titular decía algo así como: «AGREDEN A UNA MENOR DURANTE LAS FIESTAS». Todo el mundo sabía que esa menor era yo. La información había corrido como la pólvora. No entendía cómo se había podido filtrar, si había pasado tan poco tiempo y las personas que lo sabíamos éramos mi familia y yo... ¿Tal vez lo habían hecho quienes habían estado en el descampado de la fiesta? ¿Mis amigos? Me parecía muy raro que alguien se hubiera dedicado a comentarlo con periodistas...

Enseguida fuimos a hablar con el abogado para que nos aconsejara acerca de los pasos a seguir. Yo había denunciado, así que necesitaba a alguien que me defendiera. Otra vez sucedió lo mismo, y lo que pensaba que sería el principio del final resultó ser otro capítulo para olvidar. No por el abogado, Toni, que se mostró muy comprensivo y me contó todo lo que quería saber, sino porque la realidad es, a veces, muy injusta.

—Es un chaval de diecisiete años, está a punto de cumplir los dieciocho, pero aún es menor y, lo que es más importante, en el momento de los hechos era menor. Aunque tú tengas catorce y él tenga superioridad física, a ojos del mundo y de la justicia ambos sois menores. —Cuando terminó, se me quedó mirando fijamente y vi en sus ojos que me compadecía.

—Pero, me hizo daño, me obligó a... —respondí con un hilo de voz; me daba vergüenza tener que contar eso a un abogado delante de mis padres.

—Berta, estoy contigo en esto, créeme. Solo te estoy contando cómo son las cosas para que puedas tomar, junto con tu familia, una decisión informada. No sé cuáles son tus expectativas con la denuncia, pero mi obligación es que se ajusten al máximo a lo que podemos lograr si vamos a juicio. —Se quedó en silencio.

—Vale —conseguí musitar.

—Entonces, el problema con la denuncia es que me temo que ellos dirán lo mismo que has dicho tú.

—¿Dónde está el problema? Eso significa que lo ha reconocido. —Respiré hondo y me relajé por un momento.

—No, puede decir que todo lo que ocurrió... fue porque lo querías. Que fue consentido —se apresuró a explicarme el abogado.

—¿Cómo? Pero a ver, ¿es que no han visto mis rasguños, las fotos de mis rodillas, mis arañazos...? —Me iba a dar algo.

—Sé que es difícil de entender, pero viendo por dónde van los tiros creo que argumentarán que hay personas que disfrutan con los agarrones y todo eso durante las relaciones íntimas... —Aquí noté que le costaba mirarme a los ojos.

—¿Me estás diciendo que dirán que yo quería que me tirara al suelo y que me agarrara del pelo? —Era una pregunta retórica, porque viendo la cara de Toni ya sabía cuál iba a ser la respuesta.

—Por la información que tengo, estoy muy seguro de que sí.

—¿Lo que me quieres decir es que han tenido acceso a mi declaración? —Ahora era yo la que lo miraba fijamente...

Él no me respondió, pero noté algo de indignación en su rostro.

—¡Pero eso no es verdad! —Ahora ya no hablaba yo, hablaba mi desesperación.

—Sí, lo sé, y yo te creo, Berta. Te juro que te creo. Estas son las opciones que tienes: puedes seguir adelante con la denuncia, lo que implica un proceso largo que termina en el juicio, que normalmente dura varios días y...

—Y si empezamos con todo esto ahora, ¿más o menos cuándo calculas que va a ser el juicio? —le interrumpí, sin dejarle acabar la frase.

—No antes de un año. Lo habitual son dos.

—¿Qué? Pero... para entonces yo tendré dieciséis. Habrán pasado dos años ¿y tendré que verle? ¿Tendré que verle en el juicio?

—En la vista, en los juzgados, puedes pedir no verle la cara, pero él va a estar en la misma sala que tú. Y en ese tiempo, antes del juicio, vas a tener que comparecer varias veces, igual que él. —Se me revolvió el estómago solo de pensarlo.

—Pero, a ver, yo ganaré sí o sí, ¿no?

—Bueno, es muy probable que sí, pero esto no te lo puedo garantizar. Lo tenemos difícil porque ambos sois menores y por el tema que te he contado de que puede hacer que su versión coincida con la tuya.

—¿De qué me sirve que me den la razón después de tanto tiempo y del dinero que se habrán gastado en abogados y todo eso mis padres? —Por mi cabeza pasó la película entera de dos años de papeleo y abogados.

Joder. Yo quería seguir con eso, por culpa de aquel chico no dormía, tenía pesadillas, veía peligros en todas partes, vivía asustada.... Pero al mismo tiempo pensaba: ¿de verdad sería capaz de estar dos años metida en esta historia? ¿Y si no salía bien? ¿Y si, después de todo, no me daban la razón? ¿Y si resultaba que en dos años me salían un montón de oportunidades y tenía que rechazarlas porque debía estar pendiente de comparecencias y juicios? Joder. Y lo peor: no quería volver a ver a esa persona en mi vida, nunca más. Ni verlo ni respirar el mismo aire que él. Pensaba en estar en la misma sala que él y me entraban arcadas. Escuchar su versión, su voz, revivirlo todo, ver como pretendería desmontar lo que yo había contado, como me pintarían como una mentirosa... ¿Quería pasar por todo eso? ¿Quería hacer pasar por todo eso a mi familia?

Mis padres me dijeron que no me quedara con las ganas de ir hasta el final, que pensara solo en mí y que ellos me iban a apoyar, fuera cual fuera mi decisión. Lo medité durante días, pero solo de imaginarme que mi vida giraría alrededor de esto durante meses se me hacía un nudo en la garganta. Yo quería continuar con mi vida con normalidad. Quería olvidar esta historia, seguir adelante. Pero después pensaba en otras «yoes», en otras chicas a quien él podía hacer lo mismo en otra fiesta, y me decía a mí misma que tenía que luchar y hacer justicia. Y la verdad es que no me quedaban fuerzas y tenía muy pocas garantías de que todo saliera bien. ¿Y si yo perdía el juicio? Me hundiría todavía más.

Así que decidí retirar la denuncia. Y aún tengo dudas sobre si hice lo correcto. Hoy en día, no sé si volvería a tomar la misma decisión. Pero tenía catorce años y la sensación de que, si continuaba con el proceso, aquella noche me iba a definir durante toda la vida. Yo quería ser más cosas que la menor de los titulares. Lo que entonces no sabía es que, independientemente de si denunciaba o no, aquello se iba a quedar conmigo para siempre.

Dicen que en los momentos más bajos es cuando más aflora la creatividad. En mi caso, creo que la creatividad la empujó la rabia, no tanto la tristeza. Necesitaba desahogarme, pero no sabía cómo porque sentía que nadie me entendía. Y, a las personas que me podían entender, mi familia, no quería preocuparlas. Así que empecé a escribir y escribí una canción en inglés, que podría cantar en casa sin que mi madre entendiera la letra. La música sería mi refugio.

# Shitty Town

I thought that I was losing in life
but I was just starting my biggest fight
cause there have been a lot of shitty lies about all of this
And I'm the only one who really knows
cause it's just a shitty town


Can't understand how they can make pranks
about it in front of my face
and still don't get why I want lo leave so bad
Just a shitty town
I hope him to die
you don't deserve to still have what I lost


The police didn't stop asking and I just needed a break
give me some space
I need space
And you just walked in two days later like it was nothin'
fuck you
that was a hard pain

When you were young you hoped to have your own song
I think you really wouldn't like this one
(I can't look at my parents' eyes without remembering you
I can't travel without the fear of seeing you)

Shitty town
Never thought that would happen to me
but that's like lottery...
You don't get to choose.*

* No tengas en cuenta mi inglés de segundo de la ESO, ¡plis! Sé que la letra no es perfecta y que hay errores, pero nada transmite mejor cómo me sentía en ese momento.

# APUNTES
## para seguir adelante

Me imagino que te has quedado un poco en shock después de leer estos primeros capítulos. Seguramente pienses que la Berta que lees, llena de miedo y frustración, no tiene nada que ver con la Berta que conoces por redes. No acostumbro a mostrar mis momentos más traumáticos y supongo que te extrañará que me exprese así..., pero es imposible narrar esta historia de forma más amable. Quiero contarla con toda su crudeza porque no me apetece minimizarla. De todas formas, también me gustaría que tuvieras en cuenta que ha llovido bastante desde entonces. Con esto no quiero decir que ya lo haya superado, pero sí que con el tiempo y la ayuda que he recibido he sido capaz de seguir adelante. En los momentos tan duros que te he contado, no tenía esperanza. Ahora sí la tengo :).

Vivir una experiencia así te marca y puede tener efectos devastadores, pero volver a recuperar el bienestar es posible. Con la ayuda de mi familia y de la terapia psicológica, yo lo he logrado. Poco a poco, volví a encontrarme (perdón por el spoiler ;)). No ha sido fácil, no voy a mentirte, pero la sanación es posible. Y aquí quiero compartirte los pasos clave que he aprendido en el proceso de recuperación. Aunque no hayas sido víctima de abuso, son aprendizajes que se pueden extrapolar a muchas otras situaciones traumáticas:

## Cuéntatelo bien

Lo que ha pasado ha pasado. Si has sido víctima, tú nunca tienes la culpa: esa responsabilidad recae en la otra persona.

## Valídate

En una situación de peligro, de estrés o de tensión respondemos como podemos y no como queremos. Puede que el miedo te paralice. ¡Pero no puedes juzgarte por eso! No puedes pensar, mirando atrás, «tendría que haber hecho esto», «¿por qué me quedé callada?», «¿por qué no me impuse más?». No puedes. Tienes que entender que lo hiciste lo mejor que pudiste en ese momento, que lo hiciste bien. Ten compasión contigo.

## Busca ayuda

Esto es importantísimo. Sin mi familia, mis apoyos
y mi psicóloga no habría podido escribir este libro.
Rodéate de quien te pueda acompañar, no quieras pasar
por esto en soledad. El silencio no va a hacer que los
problemas desaparezcan, sino que se acumulen.

## Confía, confía, confía

Puede parecer un tópico, pero somos más fuertes de lo
que pensamos. Cuando yo estaba inmersa en todo el
dolor y la angustia, no era capaz de imaginar que un día
podría volver a ser feliz y a ilusionarme con algo en la
vida. Pensaba que tendría que convivir siempre con ese
dolor acuciante. Es verdad que después de una situación
como la que viví queda siempre un impacto, y no se
tiene que minimizar por nada del mundo; sin embargo,
tampoco debemos olvidar que somos capaces de
superar adversidades. Reconectar con uno mismo
y con el entorno es posible. Volverás a estar bien,
pero antes tendrás que confiar en ti.

# PARTE II

## Lo que pasa por mi cerebro

«¿Por qué yo? ¿Por qué esa noche?
¿Por qué fui yo la elegida? ¿Hay algo
en mí que no está bien?». Mi cerebro
no puede parar de hacerse estas preguntas.
Cuando me despierto, cuando estoy
en clase, cuando me voy a dormir.
Siempre, siempre, siempre, estas preguntas
están en mi cabeza. Como martillazos.
Estoy tan acostumbrada a convivir con
ellas que me cuesta imaginar cómo sería
mi día a día sin este runrún constante.

# CAPÍTULO 4

# Antes de

Dicen que pasar de la primaria al instituto es un cambio gordo. Para mí lo fue. Con doce años, veía como todos mis amigos estaban cambiando. Los notaba distintos, conmigo y con los demás. Ya no les gustaban las mismas cosas que antes, estaban muy pendientes de posibles ligues, de salir de fiesta, del cuerpo y la ropa..., y me sentía desconectada de ellos. Yo siempre había sacado buenas notas y me había llevado más o menos bien con todo el mundo, pero las cosas se empezaron a torcer entonces. Mis notas seguían siendo buenas, pero estaba desubicada. Era como si de repente ya no supiera cómo relacionarme con mis amigos ni ellos conmigo, como si me los hubieran cambiado.

Como no entendía por qué hacían según qué cosas, seguramente fui muy pesada. Me acuerdo de haberles preguntado: «Pero ¿por qué fumáis? ¿Por qué hacéis esto? ¿Por qué hacéis lo otro?». Y claro, ellos interpretaban que les estaba juzgando. Ellos me decían: «¿Te crees mejor que nosotros?». No les culpo, creo que en ese momento estaba tan abrumada, que no supe darme cuenta de que, para muchísimas personas, el proceso de crecer implica rebelarse y querer experimentar. Mi grupo, con el que había estado desde siempre, actuaba de formas que no tenían ningún tipo de lógica para mí, lo que me hacía sentir desplazada, como si ya no formara parte de él. Eso se tradujo en dos cosas: por un lado, en intentar encajar y, por otro lado, en sentir una angustia muy grande.

En los días buenos, trataba de olvidar que no entendía nada de lo que estábamos haciendo e intentaba actuar como ellos. Presión de grupo, lo llaman. Pero en los días malos me sentía tan fuera de lugar que, por mucho que probara de disimular, creo que se me notaba, lo que llevaba a mis amigos a hacerme el vacío o a meterse conmigo..., y eso aún me hacía sentir más fuera de lugar. Era un círculo vicioso y, con el paso del tiempo, cada vez estaba más y más apagada. Se había levantado un muro entre mis amigos, en quienes hasta hacía poco podía confiar, y yo. Y aunque me esforzaba para derrocar ese muro, incluso cuando lo conseguía me parecía estar fuera de la muralla.

No me sentía querida y no encajaba. Matizo: el amor y el apoyo de mi familia sí lo tenía (y me siento muy muy afortunada por ello), pero en mi cabeza esto no contaba mucho, porque pensaba que me querían porque me tenían que querer. Dejando a un lado a mis padres, a mi hermano y a mis abuelos, ¿con quién podía contar de verdad? Empecé a dar vueltas a la idea dc que había algo malo en mí, algo que hacía que la gente se alejara sin que yo entendiera por qué.

Me acuerdo de que las horas en clase pasaban lentas, de que mis amigos a veces me invitaban a sus planes y a veces no, y de que cuando me invitaban a menudo se acababan riendo de mí o haciéndome bromas pesadas... También recuerdo que, cuando llegaba a casa, solo quería tirarme en la cama y no salir de mi habitación. Mis padres se dieron cuenta de que algo iba mal y de que necesitaba ayuda.

Así que ahí estaba. Mi primera vez en el psicólogo. Delante de mí, había una pared con títulos enmarcados y una mesa de madera grande con algunos papeles y libros. Sentada en la silla, Rosa, la psicóloga a quien acababa de conocer, me miraba expectante. Yo no lograba descifrar qué quería que hiciera, no tenía ni idea de qué esperaba de mí. Cuando estaba en clase se esperaba que prestara atención, que hiciera los deberes y que sacara buenas notas. Cuando estaba en casa, se esperaba que colaborara con las tareas y que estudiara. Pero ¿qué se esperaba de mí en terapia? No tenía ni idea.

Rosa me empezó a contar su vida. No entendía a qué venía eso. Me dijo que tenía cincuenta y siete años, que hacía más de treinta que se dedicaba a esto, que vivía en la ciudad que había cerca de mi pueblo, que le gustaba ir al monte en su tiempo libre y que le encantaba viajar con sus amigos. Y cuando terminó con su discurso, se me quedó mirando. «Y a ti ¿te gusta estar con tus amigos?», me preguntó. ¡Ajá, así que todo eso de contarme su vida personal era una estrategia para que yo le contara la mía! Me removí ligeramente en la silla para hacer tiempo y pensar bien qué quería decir. Reconozco que me molestó un poco que me hubiera preguntado de esa forma tan directa, pero, al fin y al cabo, ¿qué más daba? Por algo estaba ahí. Además, Rosa parecía maja, me inspiraba confianza. Las personas mayores siempre me han transmitido calma; ella me recordaba un poco a mi abuela. Decidí que iba a darle una oportunidad a la terapia y que iba a ser honesta. «Sí, me gusta estar con mis amigos..., bueno, o me gustaba. No sé», respondí. La sesión siguió y acabé admitiendo que me veía como un bicho raro, que no lograba entender a mis compañeros de clase, que me sentía en otra galaxia, y que ellos también lo notaban. Le dije que estaba muy desanimada, que algo se había apagado en mí y que no sabía decirle qué cosas me hacían ilusión porque nada me ilusionaba de verdad.

Pasaron los días y las sesiones. Iba una vez por semana. Durante varios días, Rosa me hizo responder algunos test. No tenía ni idea de para qué servían, pero deduje que formaban parte de la terapia. Hasta que un día, al cabo de más o menos un mes de haber empezado a ir, llegué a su despacho y no me preguntó nada. En lugar de eso, nada más empezar la sesión, me dijo: «Tengo los resultados de los test que has ido realizando y, según ellos, tienes altas capacidades. Es decir, posees algunas características que hacen que tu potencial intelectual sea más alto que el de la mayoría. Es lo que antes llamaban "superdotación", pero este concepto ha quedado muy anticuado... Creo que esto explica cómo te sientes y por lo que estás

pasando, ya que la adolescencia es un momento particular-
mente complicado para las personas con altas capacidades
como tú».

Mi cabeza hizo un clic. «¿Y si este es el problema?». Siempre había pensado que las personas con altas capacidades eran
seres inteligentísimos que podían tocar las partituras de música más complicadas con solo tres años, o que eran unos fri-
kis que nunca tenían amigos y que únicamente se relaciona-
ban con personas mayores para hablar del Big Bang. Yo no era
así, no era ninguna friki. Pero es cierto que me acordaba de
todo lo que contaban en clase sin tener que estudiar y que pi-
llaba las explicaciones muy rápido. Siempre me había sentido
rara..., y desde aquel momento esa rareza tenía nombre y ape-
llido: altas capacidades.

¿Sentía alivio de saber que «algo» me pasaba? Sí y no. Que
la psicóloga me diagnosticara altas capacidades confirma-
ba que yo era un bicho raro. No me sentía en la misma etapa
que mis compañeros porque, efectivamente, no la vivía de
la misma forma. Rosa me comentó que podían adelantarme
de curso y pasar de primero a segundo de la ESO, pero ni
mis padres ni yo lo vimos claro. ¿Ir con chicas y chicos un
año mayores que yo? ¿No me haría sentir eso aún más rara?
Mis compañeros tendrían casi la edad de mi hermano...
No, seguiría el curso con normalidad. Pensaba que, tal vez,
ahora que sabía lo que me pasaba, aprendería a manejarlo
mejor.

Di muchas vueltas al tema de contarlo. Pero, otra vez lo mismo: si lo explicaba, ¿no me estaría poniendo yo misma la etiqueta de «rara»? ¿No tenía ya bastante? Antes se lo hubiera dicho a todos los del grupo, pero ahora no sabía en quién podía confiar. Seguramente en nadie. De todas formas, terminé diciéndoselo a la que creía que era mi mejor amiga. Ojalá hubiera tenido en cuenta muchas cosas que ahora sé antes de hablarlo con ella . Ahora que las he aprendido, te dejo por aquí un decálogo que espero que pueda ayudarte.

# Decálogo para contar secretos

1. Si quieres que siga siendo un secreto, no se lo cuentes a nadie.
2. Si te arriesgas a contarlo, tu secreto ya ha dejado de ser solo tuyo.
3. Si aun así necesitas compartirlo con una persona de confianza, pregúntate si realmente es de confianza.
4. Acuérdate de las veces que te ha contado secretos de otras personas... ¿Cómo te los ha contado?, ¿ha sido con maldad?, ¿ha ocurrido muchas veces?, ¿el secreto tenía relación contigo o te lo ha «contado por contar»?
5. Pregúntate si esa persona te cuenta sus secretos.
6. Si no es así, cuestiónate si no le estás dando demasiado poder.
7. Si dudas, no se lo cuentes.
8. Si te insiste en que algo te pasa y que se lo cuentes, no lo hagas.
9. En general, si sientes presión de algún tipo o sospechas que tu secreto puede quedar al descubierto, no lo cuentes.
10. Guardar secretos para uno mismo no es bueno ni recomendable, pero contarlos a personas en quienes no confías, tampoco.

# CAPÍTULO 5

# ¿Amigos?

Las fiestas en mi pueblo duran cinco días, así que, aunque para mí se acabaron después de la primera noche, para mis amigos siguieron cuatro noches más. Cuando volví del hospital esa segunda vez, llegué a casa y les dije a mis padres que quería quedar con ellos.

—¿Cómo que vas a quedar con tus amigos? —Esta fue la primera reacción de mi padre. Enseguida, mi madre salió en mi defensa:

—¿Qué quieres? ¿Que tu hija se amargue la vida?

Al instante, mi padre recapacitó y entendió que quedarme encerrada con mis pensamientos no iba a hacerme ningún bien. Con el corazón compungido, me dijo:

—¿Dónde te tengo que llevar?

Mis amigos estaban en casa de mi mejor amiga. Habían salido la noche antes y se habían quedado a dormir allí. Me estaban esperando fuera. Vale que era casi verano, pero me pareció raro...

—Mi madre no quiere que entres.

¿Cómo? No lo entendí. ¿Por qué la madre de mi amiga no me dejaba entrar en su casa? ¿Qué creía que había hecho yo? ¡Pero si había estado mil veces allí! No quise darle más vueltas y enseguida mis amigos me contaron lo que habían hecho la noche anterior, para distraerme. Y después pasamos a hablar de lo que me había pasado en la primera noche de las fiestas.

—Después de comer los frankfurts, volvimos al sitio donde estabas y vimos como te fuiste con un chico. —Ese «te fuiste» me dolió. Es verdad que decidí irme con él, pero porque me dijo que sabía dónde estaban mis amigos. Pero no dije nada.

—Ah, y que sepas que hicieron un minuto de silencio delante del ayuntamiento... por lo que te pasó... Eso cortó un poco el rollo. ¿Tú te acuerdas de algo? —preguntaron.

—Me acuerdo de que me fui con él y luego me llevó a un rincón y, bueno..., pasó lo que ya se sabe —logré decir.

—¡Qué putada, Berta! —Y aquí me abrazaron todos.

Me sentí arropada por mis amigos. Pensé que se estaban preocupando por mí de verdad, aunque con el tiempo me he dado cuenta de cuánto daño me hicieron algunas de las cosas que me dijeron ese día. Es cierto que hay situaciones para las que nadie está preparado y que es difícil saber cómo reaccionar, pero ellos tuvieron muy poco tacto. Y yo sentía que, aparte de mi familia, ellos eran lo único que tenía. Así que me cogí a su cariño y a sus abrazos e intenté aparcar algunas de sus palabras y miradas... Pensándolo ahora, es como si ellos también hubieran dudado de mí, o como si pensaran que por mi culpa las fiestas se habían venido abajo y tuvieran que responder a las preguntas y preocupaciones de sus padres... Y claro, la culpa de todo aquello era mía.

No sabría muy bien cómo definir la relación con mis amigos. Supongo que, con perspectiva, ahora puedo decir que era tóxica. Segundo de la ESO estaba siendo un año complicado. No sabía cómo todos los de la pandilla se habían enterado de lo de las altas capacidades y eso era motivo de bromas... Bueno, en realidad sí lo sabía, pero no quería aceptar que era mi supuesta mejor amiga quien se había ido de la lengua. No hay más ciego que el que no quiere ver.

Sentía que tenía que esforzarme para volver a llevarme bien con los que habían sido mis amigos de toda la vida. Pero no siempre me invitaban a sus planes. Yo era la típica que nunca decía que no, porque pensaba que les tenía que demostrar que siempre iba a estar y así cambiarían su percepción de mí. Tenía la esperanza de que en algún momento se darían cuenta de que yo les caía bien de verdad y que contarían conmigo para todo. No era una relación clara, era un «ahora sí, ahora no». Tenían comportamientos que hoy harían saltar todas mis alarmas, pero que en ese momento habíamos normalizado. Por ejemplo, un día que estábamos en casa de una chica de la pandilla, una amiga y yo estábamos hablando muy alto y riéndonos mucho, y como al cabecilla del grupo le molestó nos encerró en un cuarto durante tres horas. Y allí no pasaba nada. Ni la otra chica ni yo nos quejamos; era como si tuviéramos asumido que *shit happens* y que, si yo quería tener amigos, eso era lo que había. Creo que me habían convencido tanto de que era rara y de que valía poco, que por eso me dejaba tratar de esta forma. Me conformaba con las migajas de lo que fuera.

Así que cuando pasó lo de aquella noche y se mostraron, a mis ojos, tan comprensivos y cariñosos, sentí alivio. Pensé que tal vez se habían dado cuenta de que me querían y que eran amigos míos de verdad. Yo no quería salir de ese círculo. Cuando íbamos a la piscina, cuando nos juntábamos en el parque para comer pipas..., casi siempre me reía y lo pasaba bien. Aunque a veces me hablaran mal..., el precio a pagar ¿no valía la pena? Si ahora estuviera con esa Berta de hace años, la sacudiría bien fuerte y le diría que por qué aguantaba todo aquello, que no se dejara engañar, que no es bueno para nadie estar en una montaña rusa..., pero me costó verlo.

～～

Otra vez en esta sala. Los mismos dibujos en la pared. A veces me olvido de por qué estoy aquí. He integrado tantísimo la terapia en mi rutina, que vengo a ella como quien va a inglés de extraescolar. Veo a Nuria, charlamos un rato y regreso a casa. Normalmente me pone deberes, que casi siempre consisten en que escriba todo lo que me pasa durante el día, así como lo que me sorprenda o me despierte alguna emoción, buena o mala. En general, lo que escribo tiene que ver con pasar malos ratos. Hoy debo de tener peor cara que de costumbre, porque enseguida me pregunta si estoy descansando bien.

—Bueno, no mucho. Me cuesta coger el sueño y después me despierto por cualquier cosa.

—¿Has probado a contar ovejas o lo que sea?

—Mmm... Eso no me sirve.

—Es normal que no te funcione. ¿Y si empiezas a contar desde trescientas y vas restando números de tres en tres? ¿Haces algo de deporte? A veces cansarse un poco va bien para poder dormir mejor...

—No. Me cuesta hacer deporte... Estoy cansada todo el tiempo. No sé cómo lo hacía antes, cuando iba a natación y a judo y a correr..., no paraba. Ahora no tengo ni fuerzas ni ganas. Es que ya no lo disfruto.

—Y con tus amigos, ¿qué tal? —Ya tardaba en hacerme esta pregunta. Venir aquí es, a veces, como pasar lista de todo lo malo que hay en mi vida.

—Bien. Me lo paso bien. Aunque a veces me lo hacen pasar mal... —Esta es la respuesta más sincera que le he dado hasta el momento.

—¿Qué quieres decir? Explícamelo un poco más.

—Cuando estoy con ellos me río y me distraigo, pero estoy en alerta todo el rato porque en cualquier momento puede estropearse. Es un poco como el juego de la patata caliente, ¿sabes? Te lo pasas bien cuando te están pasando la pelota, pero conforme se va acabando el tiempo te pones más y más nervioso pensando en que en cualquier momento te puede estallar en las manos.

—Por lo que me dices, no parece que te sientas en un lugar seguro cuando estás con ellos.

# CAPÍTULO 6

# Jurado popular

A ojos del mundo, dejé de ser una víctima cuando retiré la denuncia, aunque para muchos ya lo había dejado de ser cuando decidí intentar hacer vida normal, es decir, salir a la calle y ver a mis amigos. Hay quienes piensan que la única forma válida de ser una víctima es vistiendo de luto, encerrándote en casa y llorando. Sospecho que esta gente no tiene ni idea de lo angustiante que puede resultar no sentirse normal. Para ellos, que yo retirara la denuncia fue la confirmación de que me lo había inventado todo. «Berta, la mentirosa», podía leer en sus ojos. Y no solo en sus ojos..., también lo oía a mis espaldas.

Cuando retomé las clases después de aquella noche, faltaban quince días para que empezaran las vacaciones. O sea, que no estábamos muy atentos. Se olía el verano y todo el mundo estaba revolucionado. En ese ambiente, cualquier distracción era bienvenida. Y esa distracción fui yo. Había gente que me miraba con pena, y mucha otra que lo hacía con rabia y desprecio. Los profesores estaban desconcertados.

He perdido la cuenta del número de veces que personas del insti me preguntaron por qué había retirado la denuncia. No quería volver a ese tema y no tenía por qué contárselo a gente con la que apenas me había dirigido la palabra durante el curso. A ellos ¿qué les importaba? La situación era ya bastante complicada como para tener que justificarme con personas prácticamente desconocidas. Me daba la sensación de que no tenía ningún tipo de dominio sobre mi vida. De la misma forma que había ocurrido algo que no había podido controlar, tampoco podía controlar las reacciones de los demás. Me sentía como una espectadora de mi propia vida, ya que eran los demás quienes se encargaban de inventarse mi relato, sobre el que yo no tenía ni voz ni voto. Ya les podía decir misa, que ellos preferían quedarse con su versión. Se me quitaban las ganas de defenderme. Sin embargo, mi grupo de amigos parecía que estaba de mi parte, y en los momentos en los que me daban bajones podía contar con ellos.

Por suerte, llegó rápido el verano. Estuve de viaje con mis padres y logré desconectar muchísimo. Sin embargo, la vuelta al instituto ya fue otra cosa. Yo seguía bastante deprimida. Me costaba horrores hacer cualquier cosa, estaba apagada, ni sentía ni padecía. Estaba rara, claro, y mi grupo de amigos lo notaba. Y que estuviera rara los quince días después de lo que me había pasado tenía un pase..., pero después de meses, les costaba entenderlo más. Veía que perdían la paciencia conmigo y me esforzaba por fingir que estaba bien.

# Fingir

Tierra firme. Esto ya no existe.
Un paso, otro paso. Tambaleo.
Ando sobre arenas movedizas.
Cada movimiento es un riesgo.
Si me quedo quieta me engullen.
Si voy demasiado rápido me puedo caer.

Peligro en cada esquina.
Las calles de siempre se han vuelto desconocidas.
Las personas se han vuelto esquivas.
El mundo ya no es un lugar seguro.

Con cuidado, poco a poco.
En silencio, sin mirar a nadie.
Ando sobre las ruinas de lo que fui,
y en lugar de lamentarme
tengo que fingir para que no se me note.

Era una tarde cualquiera en el parque y comíamos pipas. Estaban los de siempre. Todos en el grupo teníamos nuestra función: estaba el líder, el gracioso, la que tenía las ideas más locas, el cotilla, la que lo observaba todo... Yo no sentía que acabara de encajar en ningún rol, aunque últimamente estaba sumando puntos para ser la rarita.

Después de haber hablado de lo de siempre (clases, profes, cotilleos del insti, próximas salidas y borracheras), nos quedamos en silencio. A veces tenía la sensación de que solo nos juntábamos por inercia, porque siempre lo habíamos hecho, pero que no nos caíamos bien. Como si el hecho de tener un grupito y de ser los guais fuera más importante que mostrar verdadero interés los unos por los otros. Para salvarnos del silencio, el líder tuvo una gran idea.

—Berta, ¿cómo se llamaba el chico?

Quise desaparecer. Le di el nombre, a pesar de que estaba convencidísima de que ya lo sabía de las tantas otras veces en que me habían sacado el tema, y a pesar de que no estaba segura de que me hubiera dado su nombre de verdad. Vi que cogía el móvil y que entraba en mi perfil de Instagram. Se metió en «seguidores», yo tenía 6.000, y empezó a teclear el nombre en la barra de búsqueda. No podía ser verdad. Estaban todos expectantes observando la pantalla. El líder, al que voy a llamar Marco, gritaba como un loco que iba a encontrarlo. Yo estaba en shock. No dije nada. No me moví. Me quedé en un rincón, como si aquello no fuera conmigo. Por dentro, estaba deseando que pararan, que lo dejaran. Pero ya sabía, por otras situaciones similares, que cuanto más decía que algo me molestaba o que pararan, más insistían. Porque parte del juego era ver cómo reaccionaba yo.

—¡Lo he encontrado, lo he encontrado!

Era imposible que él me siguiera en Instagram. Básicamente porque me habría enterado. Por supuesto que se lo dije, pero hicieron oídos sordos. No me creía lo que estaba presenciando. Es que no tenía ningún sentido. Yo nunca había dicho que quisiera encontrar a ese chico. No entendía nada. Mis «amigos» lo sabían todo, sabían el motivo por el que había retirado la denuncia, sabían que yo no había vuelto a ver jamás al chico que me había jodido la vida y que nunca había querido buscarlo, ni saber dónde vivía ni nada de nada. Y aun así decidieron aprovecharse de mí para pasar el rato... La típica aventura de una tarde de parque aburrida.

Por suerte, alguien empezó a hablar de otro tema. Y yo tuve que hacer como si no hubiera pasado nada. Joder. Pero ¿qué acababa de pasar? Tenía un huracán de sensaciones dentro de mí y no sabía ni por dónde empezar a ordenarlas.

Me daba miedo averiguar más cosas de ese chico. No quería saber qué estudiaba, a qué se dedicaba, si seguía yendo a fiestas, por qué sitios se movía. No quería saber nada de nada de todo aquello porque tenía miedo. ¿Qué iba a sacar de descubrir que vivía a más o menos kilómetros de mi casa? Solo de pensar que podía coincidir con él, me quedaba paralizada. Es que no quería verle ni en pintura. Solo de pensar que él seguía tan tranquilo con su vida, sin que nada de lo de aquella noche hubiera tenido consecuencias en su día a día, sin que nadie le hubiera cuestionado nada... La angustia me invadía.

No me acordaba de su cara, pero sabía que si lo veía lo reconocería al instante. Y esperaba que ese día nunca llegara.

Lo que sí hice fue buscar estadísticas. Encontré que una de cada cinco mujeres ha sufrido o sufrirá en algún momento de su vida una situación de abuso. Esto, por un lado, me calmó. Pensé que no era la única, que no estaba sola, que a mi alrededor había más personas que habían pasado por lo mismo. Por otro lado, la confirmación de que eso era tan habitual convertía el mundo en un lugar aterrador. ¿Y si me volvía a pasar? ¿Y si le pasaba a alguien a quien quería? ¿Cómo podía estar bien sabiendo esto?

> **Persona 1:**
> ¿Vamos a dar una vuelta hoy al salir?

> **Persona 2:**
> ¡Vale! ¿Sobre las 18?

> **Persona 3:**
> Ok, pero no se lo digamos a Berta, que es una pesada…

> **Persona 4:**
> Ya ves, el otro día se puso a llorar de la nada… Siempre igual.

Esto que acabas de leer es una conversación de WhatsApp de mis «amigos». En ese grupo, estaban todos menos yo. Me enteré de que ese grupo existía gracias a unos chicos de bachillerato de mi insti que me preguntaron por qué seguía juntándome con mi pandilla... ¿Y sabes qué es lo más fuerte? Que no hice nada. Pensaba que tal vez me lo merecía, que quizá sí que estaba siendo una dramática y que era un tostón estar conmigo. Pensé que no era la mejor compañía. Una parte de mí sabía que todo aquello era muy injusto, pero si ya me sentía sola ahora, ¿cómo iba a sentirme, si dejaba de juntarme con ellos y me quedaba sola de verdad?

# APUNTES
## para seguir adelante

Si has llegado hasta aquí, habrás visto que las amistades pueden ser un gran apoyo y que, cuando no están, o cuando solo están a medias, pueden ser un foco de malestar. Si te está pasando como me ocurrió a mí y sientes que no tienes a nadie de confianza cerca, puedes caer en el «nadie me quiere, todo me va mal». Y cuando das un paso en esa dirección, después va otro paso, y la caída en picado no tarda en producirse. Por eso quiero contarte algunas de las cosas que a mí me han ayudado a salir adelante.

### El *journaling*

Para evitarme este dolor y salir del bucle de pensar que «nada vale nada», mi psicóloga me recomendó practicar el *journaling*. ¿En qué consiste? Pues en escribir cada día (o una vez a la semana, la regularidad depende de ti ;)) pensamientos, emociones y experiencias. No te asustes. No se trata de hacer un

APU

diario ni una redacción supercurrada. No se lo
tienes que enseñar a nadie, así que no te agobies.
Esto lo haces por y para ti. En mi caso, escribía
cada día antes de dormir cinco cosas que me
habían gustado de mi jornada. Es decir, cinco
cosas por las que estar agradecida. No eran
cosas trascendentales.

Mi lista se parecía más bien a esta:

- Agradezco la comida tan rica de hoy.
- Agradezco que mis abuelos estén vivos y que hoy les haya podido visitar.
- Agradezco que ha llovido cuando estaba en casa y ha parado al salir.
- ...
- ...
- ...
- ...
- ...

NTES

Te parecerá que es una tontería agradecer esto. Me acuerdo de que un día incluso escribí: «Agradezco poder respirar». Por ridículo que parezca, funciona para levantarte un poco el ánimo. Leyendo lo que había escrito me daba cuenta de que no todo era malo en la vida, que siempre había alguna cosa buena, aunque fuera solo el tiempo que hacía o las galletas de la merienda. Siempre, siempre, siempre hay algo bonito. Puede que en medio de un montón de cosas malas, pero ahí está. Por eso es importante encontrar momentos para esforzarte en darte cuenta de ello y dar las gracias; a lo que sea, por estar y existir, y a ti misma, por ser capaz de percibirlo y disfrutarlo.

Para que te animes con esto del *journaling,* te he dejado algunas líneas en blanco en mi lista anterior. Piensa en lo que has hecho hoy (o ayer, si te acabas de levantar) y escribe las experiencias por las que das las gracias. Estamos de acuerdo en que hacer esto no va a cambiarte la vida, pero te prometo que la va a mejorar un poquito :).

Si te fijas, el *journaling* está muy enfocado a expresar cómo nos sentimos por y para nosotras mismas. Pero hay algo igual de importante en el camino de la recuperación: poder expresar cómo te sientes con tus seres queridos. Cuando releo y, por lo tanto, revivo la escena que te acabo de contar del parque, se me ponen los pelos de punta. ¿Cómo es posible que no dijera nada? Con perspectiva, la Berta de ahora actuaría de otra forma. Así que aquí va el consejo de la Berta del presente a la Berta del pasado (y que espero que pueda servirte a ti, lector del futuro ;)): donde no te quieran, no estés, pero antes de irte comunícate. ¿Qué quiero decir con esto? Pues que, si yo hubiera reaccionado y me hubiera enfadado con mis «amigos», la broma habría terminado antes. Es probable que después me hubieran dejado de lado. No actué así porque no quería arriesgar la amistad, porque no quería perderlos y porque tenía miedo a las represalias. En definitiva, no decía nada para preservar algo que no valía la pena. Ridículo, ¿verdad? Pues no hagas como yo: ¡comunícalo!

## Expresar, expresar y expresar

Si algo he aprendido es que en una amistad de verdad sientes la libertad de expresarte. Con esto no quiero quitarle responsabilidad a quien propició la escenita del móvil y decir que todo es culpa mía por no decirles que pararan. En absoluto. Pero sí que me hubiera gustado tener la suficiente fuerza para comunicar que me dolía su actitud. Y además: ¿qué habría perdido? En realidad, muy poco, ahora que sé que la amistad no consiste en eso. Grábatelo a fuego: nunca ha salido nada bueno de callarse las cosas.

# PARTE III

## Lo que digiere mi tripa

No puedo modificar lo que me ha ocurrido. No puedo cambiarme por otra persona, aunque ahora mismo no soporte estar en mi piel. Sí, veo los días pasar. Sí, voy a terapia. Sí, voy a clase. Voy tachando las cosas de la lista. Hago todo lo que se supone que tengo que hacer para seguir siendo funcional. Para ser como antes, como si no hubiera pasado nada. Y, sin embargo, siento que ninguno de los *checks* (✓) me retorna a mi estado anterior, ninguno me devuelve a quien era antes de «aquella noche».

# CAPÍTULO 7

# El día en que aprendí a contar calorías

Me acuerdo como si fuera ayer. Estaba en segundo de la ESO, en clase de Biología, y la profesora nos empezó a hablar de los tipos de alimentos y de su valor nutricional. Para que entendiéramos mejor sus explicaciones, analizamos varias etiquetas de paquetes y envases (unas galletas, un bote de lentejas, un brik de leche...). Nos fijábamos en los nutrientes y también en la energía que nos aportaban. Y claro, para hablar de energía la profe mencionó las calorías: en ese momento se me abrió un mundo.

Desde ese día empecé a fijarme en las etiquetas de la comida que compraba y de la que teníamos en casa. Primero era como un juego: «si 100 gramos de arroz me aportan xx calorías, ¿cuántas calorías me aporta una ración?», o «¿qué tiene más calorías: un helado o un flan?». La cosa se podría haber quedado ahí, pero estaba en ese momento en el que el cuerpo cambia mucho y muy rápido y, admitámoslo, nos comparamos con los demás y podemos llegar a ser crueles. Yo recibí un poco de esa crueldad. Era frecuente que algún niño de clase hiciera la broma de «¿Queréis ir a hacer surf? ¡Ya tenemos tabla!» (refiriéndose a mis casi inexistentes pechos); la de «tener dos espaldas» también me la dedicaron a menudo. Me podría haber dado igual, pero la verdad es que me afectaban sus palabras. Y, cuando recibes tantos comentarios sobre tu cuerpo, empiezas a fijarte más en él. Ojalá le hubiera prestado más atención para amarlo, pero casi siempre que las chicas le dedicamos demasiada atención es para castigarlo...

Allí fue cuando el juego entró a formar parte de mi rutina. Estaba pendiente de lo que ingería, de las etiquetas, de los números. En inglés, sería algo como *once you see, you can't unsee*, es decir, «una vez que tienes una información, ya no puedes desaprenderla», y esto es lo que me pasó con lo que aprendí en la clase de Biología y con las calorías. Ahora ya sabía cómo contarlas, cómo calcularlas, cómo tener el control; ese conocimiento no iba a desaparecer de mi cerebro. Y aunque podía no usarlo, me resultaba difícil de ignorar. Esa fue la semilla de mi mala relación con la comida.

Tres horas antes de que «aquella noche» se convierta en «aquella noche». Me estoy arreglando con música de fondo, me miro en el espejo. (Recordatorio: estamos en junio, hace calor).

—Uf, así no puedo salir ni de coña. —Llevo unos shorts y una camiseta que siento que no me favorecen.

Me cambio la camiseta por un top más ajustado. Me vuelvo a mirar en el espejo.

—Vale, bueno, ahora... ahora el problema no es el top, son los shorts; me veo demasiado apretada.

Me cambio los shorts por otros más altos.

—¿Desde cuándo tengo estas piernas? Estás flipando que voy así. —Aquí ya me estoy enfadando con el reflejo.

Me miro los muslos con desprecio. Respiro hondo y decido que me da igual el calor, que voy a ponerme unos pantalones largos porque es la única forma de disimular un cuerpo que no reconozco...

—Vale, estos tejanos me aprietan y me voy a asar. Pero lo bueno de que sean estrechos es que me recogen bien. Las piernas se me ven más largas y delgadas. Bueno, pues ya estaría.

Y decido que este es el outfit definitivo con el que voy a salir. Hago esta reflexión para mis adentros: «No se podrán meter con mis piernas porque están apretujadas dentro de unos tejanos altos y estrechos. Y me asaré, pero por lo menos no van a criticar mi cuerpo. Estoy a salvo».

Me apuesto lo que sea a que esta escena te suena. Tú también te has mirado más de una vez y más de dos en el espejo y has pensado que nada te valía. Has observado tu cuerpo, por partes, fijándote en todas y cada una de ellas, juzgándolas al detalle, pensando cosas como «si quitara un poco de aquí y lo pusiera en este otro sitio...». Qué horror. Yo lo he hecho. Tú también. Y me cuesta imaginar que haya hoy alguien, pongamos de quince años, que nunca jamás en su vida haya odiado su imagen del espejo.

Me acuerdo de que, cuando llegué al centro del pueblo a encontrarme con mis amigos para pasar la noche juntos, no era la única que iba con pantalones largos skinny. Tanto en mi grupo como en otros, no paraba de ver a chicas que iban vestidas igual que yo: top entallado, tejanos altos, largos y apretados, zapatillas blancas. Parecía un uniforme. En ese momento presté poca atención, pero más adelante, como esa fue la noche que me marcó para siempre, he dedicado muchísimas (demasiadas) horas a analizarlo todo, escena por escena. He pensado muy a menudo en cómo iba vestida y he reflexionado muchas veces sobre si algunas de las chicas de allí también se habían vestido y desvestido varias veces porque no se gustaban. Si también habían elegido esos pantalones similares a los míos porque les disimulaban partes de su cuerpo con las que no estaban a gusto. Si también habían preferido usar la ropa para intentar ser la mejor versión de ellas mismas y así evitar críticas y comentarios. ¿Cuántas de las que estábamos allí habíamos decidido fingir que no hacía un calor asfixiante? ¿Cuántas no nos sentíamos cómodas en nuestra piel?

Y la pregunta que más me atormentaba: ¿hubiera cambiado algo si en lugar de esos pantalones me hubiera dejado los primeros shorts? La respuesta es que, probablemente, esa noche habría acabado en la misma situación, con mi madre mirándome desencajada al cabo de unas horas. O si no hubiera sido yo, habría sido otra. Con skinnys o con shorts. Ojalá lo hubiera comprendido antes.

# Cuerpo en lucha

Cuerpo bonito o cuerpo maldito.
Cuerpo mío o cuerpo ajeno.
Cuerpo que me odia o cuerpo que odio.
Cuerpo que visto o cuerpo que escondo.
Cuerpo que luzco o cuerpo que sufro.
Cuerpo que abrazo o cuerpo que arrastro.
Cuerpo que atesoro o cuerpo que aprisiono.
¿Por qué tengo que adjetivarte?
¿Por qué no puedo llamarte solo «cuerpo»,
sin juicios ni condenas?
¿Por qué tengo que elegir entre detestarte y cambiarte?
Me gustaría ser sin ti,
sin esta piel que me molesta,
sin esta ropa que me viste,
sin estas miradas que provocas,
sin estas opiniones que te dedican,
para no tener que defenderte ni de ellos ni de mí.

# CAPÍTULO 8

# Un cuerpo culpable

—Adelante, ¡pasa!

Entro en el despacho de Nuria, no me acuerdo de las semanas que hace que voy, pero la terapia ya ha pasado a formar parte de mi rutina. Llevo una sudadera ancha y pantalones largos.

—¿Cómo estás, Berta? —Siempre me saluda muy animada, sospecho que es para saber si le sigo el rollo o si reacciono de manera sincera y le digo que estoy en la mierda.

—Ahí voy. —Me decanto por una reacción a medio camino.

Se me queda mirando en silencio, esperando que continúe. Como me incomoda que ninguna de las dos diga nada, empiezo a hablar, y resulta que mis palabras salen como un torrente.

—¿Por qué me preguntaron cómo iba vestida? ¿Por qué los polis insistieron tanto en eso? ¿Es que quizá me tendría que haber puesto un jersey fino...? Pero pensándolo, es que iba igual que todas las demás chicas, y aun así me ocurrió a mí... Nuria, no sé, yo creo que visto normal, ¿no? Nunca me ha gustado ir provocativa ni enseñar mucho porque no quiero que me miren demasiado... Pero si los polis me lo preguntaron tanto, es que quizá tendría que haber ido más tapadita, para no correr riesgos... Aunque en verdad llevaba unos tejanos largos con los que me asaba de calor, así que ya ves tú...

No termino las frases y me contradigo todo el rato. Paso del «iba vestida normal» al «si los polis me dijeron eso, quizá es porque no iba vestida normal». Estoy en bucle.

—Berta. Para. Hay muchas cosas que me estás diciendo de las que tenemos que hablar bien. ¿Qué significa «vestir normal»? ¿Qué significa «ir provocativa»?

—Bueno, pues normal, sin llamar la atención, que no puedan pensar que estás buscando algo, ¿sabes?

—No, no lo sé. Buscar ¿el qué?

—Joder, Nuria. Pues lo que me pasó a mí.

—¿Tú crees que alguien busca que le ocurra lo que a ti te hicieron?

—No, a ver, buscar-buscar no..., pero es como arriesgarte más...

—¿Tú de verdad crees que hiciste algo para terminar en esa situación?

Me echo a llorar. Sé que le tengo que decir que no, porque una parte de mí sabe que nunca jamás quise eso, pero hay otra parte de mí que no me deja tranquila y que me repite: «Es por tu culpa». Y que me dice cosas como: «Si en vez del top hubieras llevado una camisa anchota, ¿te crees que te habría pasado? Si hasta los polis te miraron con cara de "¿cómo vas así vestida?"». Nuria se da cuenta de que mi cabeza es un batiburrillo de todos estos pensamientos y toma la palabra.

—Los abusadores no lo son más o menos en función de la ropa que lleves puesta. La provocación no está en los tejanos, el top, la minifalda o el vestido; la provocación está en su mente. No sé qué entiendes por vestir «provocativo», pero no hay nada que demuestre que llevar más o menos escote te dé más o menos números para que abusen de ti . Porque el problema no es nunca jamás la víctima, el problema es de él y la culpa es de él y solo de él. Ninguna mujer quiere que la agredan y que le ocurra lo que te sucedió a ti. No tiene nada que ver con la ropa que llevabas y nadie debería juzgarte por eso.

—Entonces ¿por qué me preguntaron por mi ropa?

Me encuentro con casos como el tuyo a diario, y te aseguro que todos y cada uno de mis pacientes iban vestidos de forma distinta, y que en ninguno de los casos la culpa fue de su ropa. Berta, perdona por ser tan directa, pero sabes que aquí me vienen a ver chicos más jóvenes que tú..., algunos ni eligen su propia ropa. Créeme, lo que llevas puesto no tiene absolutamente nada que ver. En realidad, nada de lo que tú eres tiene que ver. La gente te ha hecho sentir culpable, y el culpable es él, no tú. Esto de sentirte culpable, ¿no te recuerda a otra cosa que me contaste?

—Sí, cuando te dije que podría haberme defendido pero que me quedé paralizada...Y me contaste la historia del conejo y el león.

—Exacto. Tienes mucha culpa dentro, pero debes entender que nada de lo que te ocurrió lo es...

Sus palabras me llegan a medias. Tiene razón, quizá no es tan importante mi forma de vestir, pero el pensamiento de que algo mal he tenido que hacer no se me termina de ir... Hacer terapia no es un camino recto. Nuria es una grandísima profesional, pero es que las cosas importantes no se resuelven en una única sesión. Ella planta la semilla para que deje la culpabilidad a un lado, pero para que germine y el árbol enraíce hacen falta muchas más sesiones y mucho trabajo por mi parte. Ojalá fuera todo más fácil, pero sanar lleva tiempo.

~~~

Antes de aquella noche yo ya no tenía una buena relación con la comida. Ya te he explicado que había aprendido a contar calorías y que mi cabeza, a la que tanto le interesaban las matemáticas, le pilló el gusto. Sin embargo, nunca había alcanzado tales niveles de obsesión como después de que abusaran de mí. Me incomodaba mi cuerpo porque lo habían tocado sin mi permiso. Como no podía cambiar el pasado, me obsesioné en cambiar mi presente. ¿Cómo? Transformando mi cuerpo para que no se pareciera al que habían herido. Quería cambiarlo, y adelgazar era la forma fácil.

Las «notas» del móvil se convirtieron en mi mejor amiga. Allí iba anotando todo lo que comía y las calorías que ingería. Me pasaba el día resolviendo problemas de cálculo («Si 100 gramos de este pan son xx calorías, ¿cuántas calorías habré comido en un trozo?»), apuntaba los resultados y después sumaba los totales. Cada día intentaba ingerir menos calorías. Me gustaba tener ese dominio sobre mí misma. Cuando ocurrió lo de aquella noche sentí que había perdido el control de mi cuerpo, que habían hecho lo que habían querido con él. Ahora era yo la que lo controlaba. Pero claro, no era fácil tener que restringirme comida todo el tiempo. Aunque el apetito se me iba cerrando, había momentos en los que de repente tenía muchísima hambre y me ponía a comer grandes cantidades de comida. Me empachaba y, para no sentirme culpable, me decía que después tendría que compensarlo. Compensarlo significaba saltarme la siguiente comida o, más adelante, vomitar directamente.

Ahora me avergüenza, pero me sentía un poco como si fuera Dios. El tarro de Nocilla se terminaba y yo no subía de peso. Magia, ¿no? Tenía la impresión de que había encontrado la forma de control definitiva, que estaba hackeando el sistema y que podía hacer creer a los demás que comía con total normalidad y al mismo tiempo perder kilos y más kilos. Disfrutaba con aquello. Estaba claro que tenía un problema.

Mi cambio físico se notaba. No era superevidente porque ya no me vestía como antes. Iba más tapada y con ropa más ancha. Lo hacía en parte para disimular que estaba en los huesos y en parte para tener la aprobación de la gente. A ninguna chica de la que hayan abusado se le ocurre ponerse una minifalda al día siguiente, ni unos tacones. Siente culpa y sabe que alguien pensará que «lo está volviendo a buscar». Después, claro, con suerte te das cuenta de que esa idea es una tontería y que debes ponerte lo que a ti te guste, pero antes de eso hay un periodo en el que tienes muy presentes los juicios de los demás.

Con toda esta obsesión con las calorías y mi cuerpo, lograba olvidar lo que me había ocurrido. Mi mente estaba muy ocupada pensando en lo que comía y lo que dejaba de comer, sumando y restando y haciendo reglas de tres. Eso para mí suponía un alivio. El trastorno de la conducta alimentaria (TCA) también era una evasión. Y, además, tenía el refuerzo positivo de que estaba funcionando: mi cuerpo estaba dejando de ser el que era, cada vez se parecía menos al de aquella noche. Mis amigos me decían que estaba muy guapa y cabía en una talla 32.

Pero lo que al principio era satisfacción muy pronto se convirtió en insatisfacción. Cuando me pasaba de las calorías que me había asignado, me frustraba muchísimo. Más que frustración, era casi odio. Y después machacaba aún más mi cuerpo, para compensarlo. Mi autoexigencia hacía que me castigara a mí misma. Y empezaba a no ser nunca suficiente, siempre quería estar más delgada. Desaparecer. Tengo fotos de esa época y en ellas se me ven dos palillos por piernas y la cara bastante demacrada. A veces me las miro para recordar el lugar al que no quiero volver.

# Mi prisión

Te miro en el espejo.
No me gustas.
Te sobra piel.
Te sobran curvas.
Intento domarte,
pero me traicionas.
Te odio.
Me odio.

Odio estas costillas que ahora sobresalen,
y antes no se veían.
Odio estos brazos hoy más delgados,
pero no suficiente.
Odio todas y cada una de tus partes,
un conjunto imperfecto,
una anatomía que me asfixia.
Me das asco.

Intento controlarte,
ponerte límites, castigarte.
Pero te rebelas, una y otra vez,
me desafías,
te niegas a obedecer.
Y me frustras.

Quiero que seas sombra.
Quiero desaparecer.
Que no quede nada de ti
para no sentir ni padecer.*

* Este poema lo escribí cuando estaba en uno de los peores momentos
de mi TCA... ¡No lo leas como si te hablara la Berta de ahora! Lo incluyo
para que te hagas una idea de hasta qué punto mi mente estaba enferma...

No le conté nada a mi psicóloga ni a mi hermano. Eso ya es bastante indicativo de lo mal que estaba, ya que siempre se lo contaba todo a ellos. A menudo, cuando nos sentábamos a comer en casa, decía que tenía la barriga mal para así no comer... Era una experta en dar excusas. También era habitual que tardara una eternidad en comer una porción normal de lo que fuera... No me gustaba nada que me miraran mientras comía porque me obligaba a disimular. Pero no se puede engañar a todo el mundo y yo no era tan Dios como creía... Así que mi madre se dio cuenta de lo que estaba pasando.

# CAPÍTULO 9

# Expuesta

Recuerdo que estábamos en el coche. De golpe, mi madre dio un volantazo, puso los cuatro intermitentes y aparcó en el arcén. Me agarró del brazo y me dijo: «Que sepas que sé lo que estás haciendo. Si sigues así, te van a quedar pocos meses de vida». Yo me quedé callada, se me había terminado el cuento. Pensaba que podía engañarla, pero vi que no. «Aunque lleves ropa ancha, me doy cuenta», sentenció. Y luego siguió hablando y diciéndome que a partir de ahora ella estaría conmigo durante todas las comidas, y que le ponía muy triste que me echara a perder, y que me quería demasiado como para quedarse de brazos cruzados... Y yo, yo la vi tan mal, tan preocupada por mí, me sentí tan culpable por su angustia, que decidí que aquello tenía que terminar.

No te voy a engañar. No cambié el chip en un momento. Aunque tenía buena voluntad, seguía no gustándome en el espejo y odiaba tener que comer y ver como iba cogiendo kilos. Algunas veces usaba la cabeza y me daba cuenta de que lo que había estado haciendo no tenía ningún sentido, y disfrutaba comiendo alimentos que me había estado restringiendo. Otras veces tenía la tentación de volver a las andadas..., pero mi madre me estuvo tan encima que fue imposible. Poco a poco, mi relación con la comida se fue normalizando y fui dejando atrás la talla 32.

Además de la ayuda de mi madre, tuve ayuda psicológica. No se lo había contado a Nuria, mi psicóloga, pero, claro, ella también se acabó dando cuenta más o menos por las mismas fechas y me empujó a salir de allí. Pero lo más importante es que fui yo quien quiso sanar. Es imposible abandonar un trastorno de la conducta alimentaria si no estás decidido a hacerlo. Muchas veces nos proponemos cambiar y luego abandonamos, así que es importantísimo tener determinación, lo que significa que no hay otra opción posible que la recuperación. Tal vez mi madre fue muy dura cuando me dijo que me quedaban pocos meses de vida si seguía así, pero la realidad es que hasta que no asumes que o te recuperas o te mueres, no te lo tomas en serio. El TCA a mí me daba unas reglas, unos patrones que seguir, una certidumbre y un control que me encantaban... Por suerte conviví con él poco tiempo, porque las personas que estaban a mi lado enseguida se dieron cuenta de lo que me sucedía, pero a pesar de que fueron solo unos meses me costó mucho esfuerzo reprogramarme. Es decir, no solo se trataba de volver a unos hábitos alimentarios saludables para que el cuerpo sanara, sino de cambiar de mentalidad para sanar la mente. Esta vez, en lugar de hackear el sistema, tenía que hackear mi propia cabeza. Para salvarme.

Habían pasado unos seis meses desde aquella fatídica noche. Estaba recuperándome, tanto de eso como del TCA. Mi estado de ánimo era una montaña rusa. Abrí el armario. Y allí estaban los tejanos. Esos tejanos. Me puse a gritar. Mi madre vino corriendo.

—¿Qué pasa, Berta? —Me miró con preocupación. En los últimos tiempos había visto demasiadas veces esa expresión.

—¿Qué hacen estos tejanos en mi armario? —Podría fingir y decirte que se lo pregunté con un tono de voz normal..., pero yo estaba fuera de mí.

—Bueno, estos eran tus tejanos favoritos.

—Claro, eran, ERAN. Pero ¿qué hacen aquí si yo los tiré? ¿Por qué están en mi armario? —Cogí los tejanos y los lancé contra el suelo.

—Estos pantalones no tienen la culpa de nada de lo que pasó. Los guardé porque sé que te gustaban...

—Pero ya no. ¿Cómo me van a gustar? A ti se te ha ido... —Sí, hablé muy mal a mi madre, no me enorgullezco de ello. En aquella época, le hablé así demasiadas veces..., y ella no tenía la culpa de nada (*ho sento, mama*).

Mi madre se quedó en silencio. Yo estaba muy agitada. Es difícil de explicar, pero en ese momento lo interpreté como una traición. Como si mi madre, que me había estado apoyando, de pronto decidiera herirme. Me volví loca. Grité y grité, di patadas a los tejanos que estaban en el suelo. Los recogí y los volví a tirar repetidas veces. Volqué toda mi ira en ellos. Mi madre miraba la escena sin decir nada..., creo que se asustó.

En algún punto me cansé y me entró muchísimo agotamiento. Fue como si saliera de mi propio cuerpo y lo observara todo desde fuera. Vi a una adolescente rebotada con el mundo y a una madre abatida. Pasé de los gritos al llanto, sin transición. Así, de golpe.

La habitación quedó en silencio, solo se oían mis sollozos. Mi madre se me acercó, con delicadeza posó su brazo en mi hombro y me apartó el pelo de la cara. Luego susurró:

—Si quieres no te los pongas, pero nada de lo que ocurrió tiene que ver con ellos. Quiero que te quede muy claro que nada fue tu culpa, ni de cómo ibas vestida ni de cómo eres.

No podía decir nada, me había quedado muda, pero mi oído estaba más atento que nunca. Mi madre siguió:

—Eres maravillosa, Berta. Lo eras antes de «aquella noche» y lo eres ahora. No tienes que cambiar.

—Perdón, perdón, perdón... —Me sentía tan culpable por cómo le había gritado...

—No, perdóname tú a mí. Te tendría que haber avisado y así no te habrías encontrado los pantalones de repente.

Volví a meter los tejanos en el armario. Pensaba que no me los volvería a poner jamás, pero, al cabo de un tiempo, fui a dar una vuelta con ellos. La verdad es que eran mis favoritos, seguramente lo seguían siendo. No tenía por qué renunciar a ellos. Creo que esta era la intención de mi madre. Quería que me diera cuenta de que me seguían gustando muchas cosas de las que me gustaban «antes de...» y que no tenía por qué dejar atrás todo lo que yo era. No tenía por qué olvidarme de quién era para superarlo. Podía recuperar una parte de mí sin que aquella mala experiencia se lo llevara todo y me robara aún más cosas. Ya se había llevado en gran medida mi salud, tanto física como mental... ¿Qué más dejaría que me arrebatara?

Julio de 2022. Decidí dejar de agachar la cabeza. Llevaba meses aguantando que mis compañeros de clase me dijesen mentirosa, estaba saliendo de un TCA, seguía sintiéndome un bicho raro por todo lo que me había pasado... Había sido un horror de año. Quería contarlo.

Lo sé, lo sé. Pensarás que no tiene ningún sentido que me quisiera exponer así. Antes de «aquella noche» yo ya tenía redes, pero después dejé de publicar... No tenía muchos seguidores, pero había desaparecido de golpe y sin dar explicaciones. Sentía que, ahora que estaba mejor, lo tenía que contar. Por ellos y por mí. Y grabé el vídeo de YouTube: *Esta es mi historia.*

Lo vio poca gente porque yo en ese momento no era conocida. Había estado callada durante mucho tiempo y aquello resultó catártico. Aunque eran pocos los que lo habían visto, me llegaban mensajes de personas que habían pasado por situaciones similares y que me daban las gracias. Mi intención siempre fue compartirlo para que otros pudieran también alzar la voz.

Después, seguí subiendo otros vídeos en redes. Poco a poco, fui grabando más. Ese vídeo de YouTube estaba allí sin que nadie le prestara demasiada atención, hasta que di el boom en TikTok. Subí un vídeo de una receta de cocina con extra de pimienta (me encanta la pimienta, me imagino que lo sabes ;)) y la gente se volvió loca. Primero fueron todo risas, hasta que alguien que me acababa de descubrir encontró el vídeo donde contaba mi experiencia en YouTube. «Todo el mundo se ríe con los tiktoks de la Chica Pimienta hasta que ve su vídeo en YouTube», decía. Y, de repente, el vídeo empezó a acumular más y más visitas. Fue una sensación extraña. Yo sentía que eso lo había grabado para mis antiguos seguidores, pero que era una etapa cerrada... De golpe, todo aquello se reabrió y el mundo descubrió una parte de mí que desconocía. Fue bonito ver como tantas personas me escribieron para darme las gracias. Lo que no resultó tan bonito fue percatarme de que tantísima gente ha vivido historias tan duras.

A pesar de todo, no te engañaré, me hizo sentir vulnerable. No son tantas las personas conocidas (aunque sean solo conocidas en redes) que se hayan abierto así. Muchas veces he tenido la sensación de que me he desnudado ante todos y que el mundo me mira vestido. Si todas las personas estuvieran desnudas, me daría más igual... Tengo sensaciones encontradas respecto a este tema, pero a pesar de ello nunca me he arrepentido de haberlo contado. Creo que me ha ayudado y que ha ayudado a muchas otras personas.

Es gracioso, porque precisamente gracias a que me viralicé con los vídeos de recetas, mi comunidad empezó a pedirme más y más vídeos de ese estilo. La gente se volvió loca con mis desayunos, así que cada día los preparaba y me grababa en el proceso y después mientras me los comía. Gracias. ¿Por qué?, dirás. Pues porque salir de un TCA es complicado y, aunque estaba bastante recuperada, seguramente tú me ayudaste. Mis seguidores en redes, sin saberlo, me acompañaron en el proceso de sanación. Había días en los que me daba pereza prepararme la comida, pero ellos me dieron el empujón para hacerlo. Sané gracias a ti y gracias a mí :).

Querido cuerpo:

Solo puedo empezar esta carta pidiéndote perdón. Durante mucho tiempo fuiste testigo de mi angustia, de un torbellino destructor que se reflejaba en cada uno de tus rincones. Te maltraté, te hice pasar hambre, te desprecié, te herí. Lo siento. Perdóname.

Te exigí más de lo exigible, te sometí a dietas extremas e intenté hacerte cada vez más pequeño. Te culpé de mi mala suerte y te quise cambiar a toda costa. Fuiste el blanco de mis frustraciones y de mis expectativas irreales. Pero quiero que sepas que todo esto ha quedado atrás.

A partir de ahora, voy a tratarte con el respeto que te mereces. Voy a cuidarte, a escucharte y a aprender a reconocer tus señales. Vamos a recuperar fuerzas, a aprender a querernos de forma sana. Me esforzaré para que te recuperes, para que puedas seguir sosteniéndome muchíísimos años más. Eres el lugar donde habito y, por fin, he entendido que no eres mi prisión, sino mi aliado. Hay gente que dice que eres un templo y que te tenemos que venerar. Antes me reía de quien pensaba así, pero ahora creo que tal vez tienen razón.

Gracias por ser mi compañero de viaje. Por no desfallecer, por no rendirte. Prometo no volver a fallarte.

Con amor y compromiso,

Xxx Berta

# APUNTES
## para seguir adelante

Puede que ya supieras que había sufrido un TCA si has visto mi vídeo de YouTube, pero aun así estoy convencida de que algunos de los detalles que he contado te han impactado. O bien porque te has visto reflejado en algo de lo que explicado o te ha recordado a alguien que conoces, o bien porque no sabías que los trastornos alimentarios van más allá de comer o no comer. Esconden muchas más cosas que la simple preocupación por el aspecto físico.

### No todas las heridas se ven

Sufrir un TCA, al igual que sufrir un abuso, puede llevarse en silencio. Es decir, no tiene por qué haber efectos visibles. Dejando a un lado a mi familia, cuando yo estaba restringiéndome la comida, nadie más lo notó. Como te he contado, solo vieron que había adelgazado, pero no sospechaban que vomitaba ni que había dejado de comer en muchas ocasiones.

Nos imaginamos que es fácil distinguir a alguien con anorexia, que es un esqueleto andante, y la mayoría de las veces no es así. Y, en parte, este es el problema: al no ver nada alarmante en esa persona, nos dedicamos a aplaudir que haya perdido kilos en lugar de reparar en que se está jodiendo la vida.

Con los abusos puede pasar lo mismo. No siempre dejan marcas físicas y, si las dejan, no siempre las vas a ver. Acuérdate de mi caso. A mí no me realizaron el examen físico que correspondía, pero ¿qué me dices de las mujeres que sufren abusos dentro de la pareja? Ellas, en la mayoría de los casos, son activas sexualmente, son mayores de edad y, además, viven con su agresor. Las marcas visibles no se verán a no ser que vayan específicamente a que las examinen en el hospital.

Ten presente este recordatorio antes de juzgar a alguien sin saber si está pasando por una situación similar. Puede que no se le note, puede que hasta ahora la hayas visto como siempre, puede que no tenga rozaduras, cicatrices ni moratones. Y nada de eso invalida que le haya ocurrido, que sea víctima de abuso o que sufra un TCA. Que lo que tus ojos no pueden ver no nuble tu juicio.

Esta es una lista de actitudes que deberíamos evitar cuando nos relacionamos con los demás:

## Ten en cuenta la situación de cada uno

Es decir, el físico se ve, pero lo que no se ve es su historial médico, sus experiencias pasadas, sus traumas...

## No juzgues a alguien por su aspecto físico si no te ha pedido tu opinión

Y, si te la ha pedido, mide tus palabras.
Cosas que a ti pueden parecerte buenas no tienen por qué serlo para otra persona. Por ejemplo, decirle a alguien «se te ve más delgada» puede llevarle a pensar que antes pesaba demasiados kilos...

### No perpetúes estereotipos

Los cuerpos deben ser aceptados en todas sus formas y tamaños. En lugar de maltratarlos para hacer que encajen dentro de lo que se supone que es bonito y aceptable, deberíamos cuidarlos y abrazarlos.

### La salud es más importante que la delgadez, y estar delgado no es sinónimo de estar sano

No te confundas: la salud va más allá de la apariencia externa.

# PARTE IV

## Lo que mueve mi corazón

Estoy agotada. Echo de menos
esa época, cuando era niña, en la
que todo era fácil. Los amigos, la familia,
mis aficiones..., todo estaba en orden.
Sabía quién era y me sentía apoyada.
Quiero regresar a esa sensación de
bienestar en la que la vida era sencilla
y nadie discutía mi lugar en el mundo.
Quiero que, poquito a poquito, mi corazón
pueda descansar de sobresaltos
y se llene de alegrías.

# CAPÍTULO 10

# Empezar de cero

Tercero de la ESO. Un año para olvidar. ¿Te acuerdas de la escena del parque? Ocurrió en esa época y es bastante ilustrativa de cómo me fueron las cosas. Mis amigos, que en un principio me apoyaban, estaban cada vez más distantes. En el instituto me trataban de mentirosa y cosas peores. A sus ojos, todo lo que me había ocurrido durante las fiestas del pueblo era una patraña..., y yo estaba tan deprimida que me costaba plantar cara. Sabía que no me trataban bien, pero no me veía capaz de cambiar la dinámica. Prefería que tuvieran un grupo de WhatsApp sin mí y que de vez en cuando me dejaran unirme a sus planes, que no estar sin ellos. Me horrorizaba la idea de perderlos porque eso significaba quedarme sola. Durante un año y medio, tuve que aguantar que cada día me hicieran de menos.

De todas formas, aunque veía que no me merecía lo que me estaba pasando (como si no hubiera tenido ya bastante), tengo que reconocer que también había momentos buenos con ellos. Por ejemplo, podían pasar tres semanas sin que me llamaran para quedar, pero después se autoinvitaban a la piscina de mi casa y para mí era la mejor tarde del mundo. Ese día, pensaba que ya se había resuelto todo y que se habían percatado de que podían estar bien conmigo. Sentía que tenía que demostrarles que siempre estaba allí y ganármelos. A pesar de saber que me criticaban, que pensaban que era una cansina y una rayada, sentía que tenía que demostrarles algo y mantenerlos a toda costa. Y cuando llegaba un día de esos en los que no había piques ni preguntas entrometidas y nos lo pasábamos bien, me autoconvencía de que valía la pena seguir juntándome con ellos.

Pero claro, cuando ese día terminaba y los veinte que venían después eran un machaque constante, volvía a hundirme más y más. Era un «ahora sí, ahora no» de manual, y yo no estaba haciendo nada por alejarme de ellos. Hasta que, un día, mis padres me dieron una vía de escape.

Ellos me ofrecieron cambiarme de instituto. En lugar de cursar cuarto de la ESO, podía pasar directamente a primero de Bachillerato en un sitio nuevo. ¿Y si ese era el empujón que necesitaba? Mi primera reacción fue negarme..., pero enseguida me empecé a hacer ilusiones. Podría empezar de cero, en un lugar donde nadie me conociera, sin todas las dinámicas que arrastraba con mis supuestos amigos, sin que todo el mundo a todas horas me recordara lo que me había ocurrido aquella noche, sin tener que dar explicaciones... Tal vez me encontraría con personas maravillosas, que me valoraran solo por cómo era y no por lo que me había pasado. Tal vez esta era la oportunidad que tenía para volver a ser feliz.

Terminó el verano y las cosas empezaron a cambiar, aunque esos cambios resultaron más difíciles de lo que creía.

Cuando me trasladé de centro, solo cambié de instituto; pero el cambio tampoco fue radical, ya que mi nuevo centro estaba en la misma zona que el anterior, así que el ambiente en el que me movía era prácticamente el mismo. No me trasladé a la otra punta de la Península, sino más bien al pueblo de al lado. Aun así, hubo cambios.

Resultó que cuando llegué a mi nuevo «hogar», había bastante gente que ya sabía quién era yo, con todo lo que eso comportaba: ya sabían lo que me había pasado, y ya sabían que había gente que hablaba mal de mí, que me insultaba y que me trataba con desprecio. Y como todo lo malo en la vida se contagia, en este nuevo ambiente también hubo alumnos de tercero y cuarto de la ESO que se apuntaron a la fiesta de llamarme de todo. Por sorprendente que parezca, siempre hay a quien le gusta humillarte y hacértelo pasar mal, y es muy difícil intentar explicarlo. Simplemente pasa. Hay gente a la que le atrae eso. ¿Por qué me ocurrió a mí? Pues porque los de mi anterior instituto se encargaron de contar todo tipo de cosas horribles, de crear una imagen totalmente asquerosa de mí, como si yo fuera una mentirosa y alguien que había querido inventarse que había vivido semejante experiencia, como si eso fuera algo agradable de falsear. Con el paso del tiempo, ahora que me paro a pensarlo, me pregunto cómo puede alguien creerse eso: ¿quién iba a querer inventarse algo así? Es ridículo.

Pero por suerte, poco a poco esa situación fue cambiando a mejor.

Como te he comentado, iba a clase con gente un poco mayor, los de primero de Bachillerato. Aunque durante el día viera a los de cuarto de la ESO en el patio, en los pasillos, en la entrada y a la salida del instituto, quienes me fueron conociendo más fueron mis compañeros de clase. Ellos se quitaron poco a poco de encima todos esos prejuicios que mis antiguos compañeros de clase habían creado. Yo creo que fue la buena fue y la buena voluntad de mis nuevos compañeros las que permitieron que dejaran de creerse todas esas cosas horribles que se decían sobre mí.

No te lo he contado, pero la interpretación es una de mis grandes pasiones. Desde pequeña he asistido a clases de manera regular. Me gusta poder ser quien yo quiera: alguien segura de mí misma, sin miedos, valiente. ¿*Fake it until you make it* de manual? Puede ser. Pero a mí esas clases me llenaban y me daban una enorme sensación de libertad, aunque fuera por unos minutos.

Durante el verano que no pude ir a las clases de teatro, me interpretaba mucho a mí misma en el estrado. Como público, tenía al espejo de mi cuarto, que me miraba firmemente. Me enfrentaba a un juzgado imaginario, donde el chico no estaba, así que no me sentía intimidada. Diréis: «Puf, pues ok, es todo mentira». Es cierto, pero me permitía refugiarme en esa pequeña realidad alternativa en la que sentía que se había hecho justicia.

En mi nueva vida, la interpretación siguió. Me permitió empoderarme, ser yo misma. Empoderarse significa tomar las riendas de tu propio presente y de tu vida: decir y expresar aquello que quieres sin que te juzguen, sin que te increpen. Era como si, a cada clase que iba, mi pasado dejase de comerme viva y mi presente empezase a plantar cara y a gritar bien fuerte: «AQUÍ ESTOY YO, JODER». Empezar de cero me sirvió para ver que si no me alejaba de donde venía, me seguiría pasando lo mismo. En parte, tenía que romper con mi pasado. Yo era mucho más que una chica a la que habían roto, y no iba a quedar reducida a eso. Por supuesto que me habían hecho muchísimo daño, y esa herida, aún hoy, ahí sigue. Este tipo de traumas no sanan del todo, siempre te acompañan. Pero fue ese cambio de centro lo que me hizo ver que tenía que empezar también a enfocarme en otras metas, porque yo valía mucho, y mi futuro se abría ante mí para hacer con él lo que me diera la gana.

# CAPÍTULO 11

# Éxito

Es triste, pero siempre habrá malas personas en todos los sitios, y gente que no merezca la pena. Siempre habrá malotes, graciosos de turno e imbéciles a los que no tendríamos por qué aguantar. Pero en mi caso, por mucho que este tipo de gente siguiera presente, ya no era la misma con la que tenía que convivir antes. El cambio fue bueno.

Como te contaba, cuando empecé a empoderarme, comencé también a cambiar la relación con mi pasado. Me di cuenta de que toda mi pequeña historia particular y personal me acompañaría siempre, y que eso me serviría de gran ayuda para detectar futuras actitudes nocivas o potenciales peligros. Cuando empiezas de nuevo, puedes observar las señales mucho antes y hacerles frente con menos tapujos. ¿Por qué? Pues porque tu pasado te acompaña y porque has aprendido mucho. Por ejemplo, cuando has estado en una relación tóxica, en tu próxima relación verás mucho más rápido y de manera más clara las *red flags* de la otra persona. Y lo mismo con el acoso y el maltrato: si hay bullying, también lo detectarás antes.

Al principio del nuevo curso salí una noche de fiesta con algunos de mis compañeros de clase y terminamos en una discoteca. De hecho, fueron mis padres quienes me animaron a que fuera, no solo para que me lo pasara bien un rato, bailando y riendo, sino también para que empezara a socializar con el grupo nuevo. Una vez dentro del local, un chico me tiró la caña y estuvimos hablando un buen rato los dos a solas. No ocurrió nada más.

Resultó que ese mismo chico, al cabo de tres días, se juntó con seis amigos para grabar un vídeo de TikTok riéndose de mí. Como os comentaba antes, es muy difícil entender por qué la gente actúa de ese modo, pero este tipo de personas existen. ¿Por qué ese chico me tiró la caña y luego decidió hacer un tiktok riéndose de mí? Seguramente para ganar popularidad, pero es bastante patético querer ganar popularidad así. El vídeo tenía todo tipo de comentarios, a cual más desagradable, de personas que no sabían ni quién era yo, que no sabían nada de mí.

En el momento en el que el tiracañas y sus amigos decidieron publicar el vídeo, yo estaba con mi hermano. Me acuerdo de que se lo mostré llorando, con esa mezcla de llanto que se mueve entre la tristeza y la rabia, y no sabes muy bien por qué sollozas. Por una parte, quería hacerme pequeña, insignificante, casi desaparecer; por otra, quería salir en busca de aquel desgraciado y decirle de todo. Se lo conté a mi hermano, derrumbada. Su reacción fue ir a pedir explicaciones a ese chico, que publicó otro vídeo pidiendo disculpas por lo que había hecho y lo difundió por los mismos canales que el primero. Así, las mismas personas que habían visto el primer vídeo vieron también este otro, y muchos de ellos se retractaron de lo dicho.

Conseguí parar esa espiral de insultos y degeneración a partir de contárselo a alguien. El hecho de no guardármelo para mí misma fue lo que me permitió evitar que todo fuera a más. Ese pequeño gesto de explicarlo, de expresar con palabras lo sucedido, me ayudó. Exteriorizar cómo me sentía es lo que me permitió empezar de cero. Había conseguido desarrollar nuevas herramientas gracias a no haberme quedado anclada y atrapada en esa chica que era antes; había logrado salir adelante.

En la vida siempre te encontrarás con personas que te harán alguna putada, e incluso que estarán dispuestas a volver la próxima semana para hacerte la misma putada. Pero no hay que olvidar que siempre contarás con la capacidad para explicar lo que te pase y salir adelante. Y cuanto más rápido lo hagas, mejor. Quedártelo para ti únicamente hará que el problema se agrande y que te coma por dentro. Con el tiempo, te darás cuenta de qué cosas te han dolido y habrías preferido contarlas antes, y te enfadarás contigo misma por no habértelas sacado de encima de un plumazo. Pero eso es también parte del proceso de aprendizaje: llenar la mochila de experiencias para usarlas a modo de herramientas para resolver nuevas situaciones.

Salí del nuevo insti. Era lunes. La semana no había hecho más que empezar. Me puse a caminar hacia la calle de al lado, donde me esperaba mi hermano, que había venido a buscarme en coche. Cuando estaba ya girando la esquina, una chica se me acercó corriendo por detrás y me dijo:

—Oye, Berta, hace unos días quedamos con unas amigas y estuvimos hablando de lo que te pasó.

Silencio. ¿Qué esperaba que dijese? ¿Qué se dice en estos casos? Siguió:

—Hay mucha gente que dice que mientes. ¿Es todo mentira?

Con el tiempo he llegado a pensar que lo que me ocurrió es tan brutal, que a mucha gente le es más fácil negarlo antes que digerirlo. Hay personas que prefieren acusarme de mentirosa antes que aceptar que conviven con malas personas. Creo que esa era la situación de muchos de mis compañeros: preferían pensar que yo mentía antes que querer pararse a pensar en lo que me habían hecho.

Esa chica me preguntaba si yo había mentido, y mi reacción fue entrecerrar los ojos, apretar los puños y dejar caer las lágrimas. «Ya no puedo seguir dándole vueltas a por qué la gente cree que miento», me dije a mí misma. ¿Qué motivos iba a tener?

—¿De verdad me estás preguntando si es todo mentira? ¿Tú qué crees? —le respondí con el alma rota.

Empecé a correr hacia mi hermano, que en cuanto me vio me preguntó por qué estaba llorando y me abrió la puerta del asiento del copiloto. Me quedé en silencio, sollozando. Mi hermano condujo hacia casa, aparcó delante, me ayudó a salir y me acompañó a mi habitación.

Era el momento de soltarlo todo.


Fue la primera vez que tuve una larga conversación de verdad con mi hermano. Nos encerramos en mi habitación y me dijo que le contara qué había ocurrido. Me acuerdo de que no me lo preguntó con exigencias, en plan «quiero saberlo todo». No. Más bien fue un «cuéntame lo que quieras, aquí estoy, desahógate». Parecía que mi hermano me estaba leyendo perfectamente.

Me puse a llorar mucho y le dije:

—Estoy harta de que nadie me crea. ¿Por qué? No puedo más, joder. ¿Por qué la gente tiene que quedar para hablar sobre lo que me ha ocurrido? ¿Qué es esto?

Mi hermano me cogió de las manos, me tranquilizó y me dijo:

—Berta, yo te creo. Y tú te crees. ¿Qué más da la gente?

Era la primera vez que hablábamos de aquella noche tan abiertamente, y la primera vez en la que me decía de manera tan clara y directa que me creía, que me apoyaba, que estaba conmigo de forma incondicional, pasara lo que pasara, que para eso éramos hermanos. Ese «te creo» lo tengo marcado a fuego. La persona que más me importa del mundo me cree.

Cuando alguien me saca el tema creo que no tiene ni idea de lo que pregunta, que ni se imagina todo lo que hay detrás de esa aparentemente simple cuestión. Una pregunta que para ellos es, en el fondo, pura curiosidad y puro chismorreo tiene un peso descomunal en mi vida. Esa pregunta me remite a «aquella noche», a los policías, a los comentarios de mis compañeros, a mis padres apoyándome y a toda esa gente que me acusa de mentir. Es una pregunta capaz de concentrar todo lo que he vivido. Pero no me he quedado reducida a una chica rota. Soy mucho más que eso, y soy mucho más que esa pregunta.

Mucha gente piensa que, como explico muchas cosas en mis redes, no me tendría que importar hablar también de esto. Pensarán que, al fin y al cabo, es una anécdota más que contar, ¿no? Si tanto me importa, por qué no contarlo, dirán. Pero no es así para nada; esa no es una simple pregunta que se pueda responder así como así. Además, ¿por qué iba a estar obligada a tener que dar explicaciones? ¿El hecho de tener TikTok me convierte en alguien que no puede elegir qué contar y qué no? ¿O cómo y cuándo contarlo, o a quién contárselo? Quienes tienen que dar explicaciones son los que me acusan de mentir, en todo caso.

Una vez más, conseguí llenar mi mochila con nuevas herramientas. Esa charla con mi hermano me hizo ver que tengo la capacidad y el poder para zanjar las acusaciones de manera rápida y clara: «No, no miento».

Lo que he querido contarte en estas páginas es que mi éxito es personal, y no profesional. Mi éxito ha sido aprender a respetarme, a quererme y a conocerme. Llenar la mochila es un éxito. Responder rotundamente con un «No, no miento» es uno de mis mayores éxitos, sin lugar a duda. Haber conseguido empoderarme y controlar mi presente es también otro grandísimo éxito. Son todos estos triunfos los que me hacen sentir viva y estar orgullosa de mí misma, y no el hecho de alcanzar miles de visualizaciones en TikTok. Evidentemente que esto último me ha hecho muy feliz, pero tengo muy claro que toda mi felicidad no se reduce a eso.

Sin estas visualizaciones, podría ser igualmente feliz. Sin poder decir «No, no miento» ni haber logrado este progreso personal, no lo habría sido. Y te aseguro que, aunque tuviera los mismos seguidores o más, no lo valoraría de igual modo sin estas victorias personales que me han permitido aprender a convivir con mi pasado y mi historia.

# CAPÍTULO 12

# Presente y futuro

A raíz de lo ocurrido estuve muy sola y tuve que aprender mucho de mí misma. Quería salvar a toda costa la amistad con personas que no me apoyaron y, al final, aprendí que la amistad más fuerte debía tenerla conmigo misma. Me costó, porque pasé épocas en las que no me caía bien. Pero poco a poco retomé aficiones que me gustaban y que había dejado aparcadas. Cantar, actuar, escribir, grabar vídeos... Todas estas actividades creativas me permitieron reconciliarme conmigo misma. Hacer cosas que tuvieran valor me hizo valorarme. Aprendí a volver a disfrutar de mi compañía.

Después de todo lo que pasé, de tanta angustia y malestar, mis circunstancias cambiaron. Ya no estaba dispuesta a ocultarme, a bajar la cabeza, a pedir perdón por algo que no era culpa mía. No. El cambio de escenario me ayudó muchísimo, pero tengo claro que el mayor cambio se produjo dentro de mí.

Sin el apoyo de mi familia y de la terapia, no lo habría logrado. Por lo tanto, la lección que he aprendido de todo esto es que nos necesitamos unos a otros. Aunque a veces quería quedarme en la cama, tapada con el nórdico, y deseaba desaparecer, aunque no quería ver a nadie, la única forma de sanar fue con la ayuda de otras personas.

Me siento afortunada porque, aunque me cueste abrirme a los demás, en esta última etapa de mi vida estoy conociendo a personas que me apoyan. Supongo que ya te lo imaginas, estar en el punto de mira significa recibir piropos, pero también que se metan con todo lo que haces y dices... A mí me llegan comentarios como «Chica, ¿todo esto te vas a comer?» o «No sabía que estabas gorda». No sé si a alguien que no ha sufrido un TCA le afecta menos, pero a mí me sigue doliendo. Por un momento, es como volver atrás y ser muy consciente de mi cuerpo. Aún sigo teniendo la tentación de querer compensar cuando recibo este tipo de comentarios. Una vocecita dentro de mí me dice: «Hoy te saltas el desayuno». ¿Y cómo hago para no escucharla? Pues comunicándome. He hecho una nueva amiga a quien le puedo contar este tipo de pensamientos. Le digo: «Oye, he recibido mensajes en los que se metían con mi físico..., estoy pensando en saltarme el desayuno», y ella me responde: «Pero ¿qué dices?». Y se sienta conmigo en el banco, desenvuelve su bocadillo y el mío y nos ponemos a comer. Le estoy infinitamente agradecida. Es tranquilizador tener a alguien que no te juzga y que mira por tu bien.

~~

—¡Adelante! —A estas alturas, la voz de Nuria me resulta tan familiar que la podría distinguir entre una multitud.

—¡Hola, Nuria! —Le dedico una sonrisa.

—Se te ve contenta. —Tú dirás…, nada que ver con cómo estaba hace un año.

—Sí, lo estoy. Creo que poco a poco todo se va poniendo en su sitio. Tengo un montón de trabajo del insti, y también algunas colaboraciones, pero no me quejo. También me ha salido la oportunidad de publicar un libro.

—¿Un libro? ¿Y qué quieres contar?

—Me gustaría contar mi experiencia, todo lo que he pasado desde que empecé a venir a tu consulta. Quiero que sea un libro de denuncia, para que cualquier otra persona que haya pasado por algo parecido se sienta arropada, y también para que la sociedad se entere de que algo va mal si estos hechos son tan habituales… Y también quiero hablar de lo importante que es ir a terapia.

—¿Quieres hacer justicia?

—Sí, aunque no solo eso. Es decir, antes estaba muy obsesionada con la idea de hacer justicia, de que la gente supiera la verdad. Ahora valoro más mi paz y mi tranquilidad mentales.

—Cuéntame eso.

—Pues… Sé que lo importante es mi verdad, lo que yo sé y lo que yo pienso de mí misma. No podré convencer a todo el mundo, y es agotador intentarlo. Por lo tanto, llegaré donde llegue y, después, me quedaré tranquila. Porque a diferencia de antes, ahora sé que no soy culpable de absolutamente nada.

—No sabes cuánto me alegro, Berta.

~~~

Esta es la historia de una niña a la que, de pequeña, siempre le decían que era guapa. «¡Qué niña más mona!», les comentaban a sus padres. La veían bonita por fuera. Sin embargo, eso no evitó que le pasara algo horrible. Tampoco evitó que, una vez ocurrido, lo superara con mucha dificultad y no pocos contratiempos. Ni que fuera dura consigo misma. No. Porque ella no se veía bonita. Pasó mucho tiempo hasta que empezó a quererse un poco. Gracias a conocerse mejor y a la ayuda de los demás, comenzó a verse un poco más bonita. Tuvo que aprender mucho de sí misma y, al final del camino, después de haberse tropezado unas cuantas veces, descubrió el secreto más valioso. La belleza exterior, esa que otorgan los ojos ajenos y los espejos, nunca se podrá comparar con la interior, la que ven tus propios ojos aunque estén cerrados.

Me veo bonita porque me
he perdonado. He dejado de
culpabilizarme por haber dejado a
mi cuerpo sin comida tanto tiempo,
por haberme dedicado palabras
de reproche. Me he perdonado por
haberme tratado mal, pero, sobre todo,
me he prometido no volver a hacerlo.

# APUNTES
## para seguir adelante

Hemos llegado al final de este viaje. No ha sido fácil, al menos por mi parte. Espero que lo hayas disfrutado un poquito, que te haya ayudado, que te haya removido, emocionado; en definitiva, que te haya hecho reaccionar. No puedo terminar sin darte dos recomendaciones:

### No tienes que estar muuuy mal para pedir ayuda

Y, tú que me lees, quiero que recuerdes que muchas veces pedir ayuda pasa por ir a terapia. Doy las gracias de que en mi familia nunca hayan tenido prejuicios sobre salud mental, porque así pude dejarme ayudar por psicólogas maravillosas. Te recomiendo mucho mucho mucho que, si crees que lo necesitas, vayas a terapia.

> ### Usa tu voz
>
> No te quedes de brazos cruzados cuando veas injusticias o agresiones, sean del tipo que sean. Y, sobre todo, si alguien cercano a ti o tú mismo vive una experiencia de este tipo, cuéntalo y pide ayuda. No te avergüences de hablar de ello.

Por último, te animo a que pienses en tu futuro. Cuando peor estuve, me costaba más pensar en lo que me gustaba o en lo que quería hacer. Solo sobrevivía en el presente, pero me resultaba imposible proyectarme en el futuro. Para solucionarlo, me ayudó mucho elaborar una lista de cosas que quería hacer.

> ### La lista de cosas que hacer antes de morir
>
> Escribir tus deseos te ayuda a enfocarte en lo que realmente quieres y, por lo tanto, aprendes a priorizarte. Además, te motiva a esforzarte para conseguirlos y te ayuda a conocerte mejor. Y, créeme, cuanto mejor te conoces, mejor te caes ;).

Te comparto algunos deseos de mi lista
y te animo a que tú también escribas los tuyos.
Te prometo que más pronto que tarde vas a ir
tachándolos porque los has cumplido.

- Seguir con mis clases de actuación y conseguir algún papel de actriz.
- Estudiar algo relacionado con el marketing y la dirección de empresas para crear mi propio negocio. ¡O artes escénicas e interpretación! Me encantaría ser actriz.
- Componer más canciones (aunque no las comparta con nadie).
- Ir de viaje con amigas (este ya lo he tachado :)).
- ..
- ..
- ..
- .
- .
- .
- .

# RECUERDA
## NO
## ESTÁS
## SOLA

No puedo terminar este libro sin insistirte en que denuncies cualquier injusticia, cualquier abuso de poder que hayas sufrido tanto tú como familiares, amigos cercanos y gente de tu alrededor. Mi historia está llena de acusaciones injustas, de situaciones de dolor que me hicieron sentir responsable y culpable de algo que no fue mi culpa, que hicieron pasar por un infierno a una niña que no pudo defenderse: primero, ante la persona que le hizo vivir una experiencia que jamás podrá olvidar; después, ante un sistema que no le ofreció las herramientas correctas para entender lo que había pasado y gestionar sus consecuencias.

Esto tiene que cambiar. Imagínate que yo hubiera vivido en una familia desestructurada, imagínate que hubiera tenido menos recursos. ¿Cómo habría podido salir adelante? ¿Quién me habría ayudado? ¿De verdad habría tenido tanto apoyo psicológico?

A las mujeres nos impiden el derecho a la justicia demasiadas veces. Si tú puedes ejercerlo y crees que te va a ayudar, denuncia. Por ti, por mí, por todas las que no han podido, por todas las que vendrán y por las que no están. Porque a pesar del horror, sé que soy una privilegiada porque «aquella noche» no terminó con mi ilusión.

En el prólogo de este libro comentaba que empezar a contar algo no es fácil, porque es difícil medir lo que vendrá después. Llegados a este punto, también se me hace complicado terminar. Porque ni este es mi final ni quiero que sea el final de esta historia. Mi deseo es que mi relato sea el germen de algo mucho más grande que este libro. Me gustaría que estas páginas sirvieran para construir futuro y esperanza.

Gracias por leerme, de todo corazón.